지방자치 전략총서 3

지방선거전략

－자치단체장·지방의원 선거 특강－

지방선거전략

−자치단체장·지방의원 선거 특강−

신기현 著

한국학술정보[주]

서 문

2002년 지방선거는 대통령선거를 앞둔 시점에서 치러질 예정이다. 여야 정치권은 어떻게 하면 각기 유리한 고지를 차지할 것인가를 두고 고심 중이다. 정치관계법 협상이 지지부진했던 것도 각각의 이해타산 때문이었다.

지방선거는 여야 정치권, 노동계, 시민단체 등에게도 매우 관심이 가는 행사이다. 노동계나 시민단체 등도 지방선거를 통해 그들의 영향력을 확대하는 노력을 경주하고 있다.

그런가 하면 주민의 입장에서는 주민이 원하는 바를 가장 잘 반영할 수 있는 후보의 선출을 기대하고 있다.

이제 2002년 지방선거는 비리가 없이 청렴하면서도 주민과 각 단체, 기관을 설득할 수 있는 정치력, 행정력, 경영 수완을 두루 겸비한 인사가 진출하는 무대로 활용되어야 한다.

전국 어느 곳에서든 지방선거 실무자를 위한 선거교육, 후보자 컨설팅, 각종 선거 여론조사에 대한 수요가 늘어나고 있고 인터넷 활용도 본격화되는 추세다.

이에 필자는 월간 『지방자치』에 1998년 지방선거를 겨냥하여 1997년부터 1998년까지 지방선거특강을 연재했던 경험과 2002년 선거를 겨냥하여 2001년부터 2002년 선거 시점까지

지방선거 특강을 연재하는 기회를 활용하여 이렇게 전자서적 형태의 『지방선거전략』을 출간하게 되었다.

『지방선거전략』 출간이 가능하게 되기까지는 대학 학부 및 대학원에 개설된 '정치마케팅과 선거', '의회정치와 선거마케팅', '정치조사분석' 강좌, 1991년 지방선거부터의 '지방선거 특별강좌', 후보자들을 대상으로 한 '선거여론조사, 지역구 관리, 선거기획' 컨설팅이 많은 도움이 되었다.

어떻게 하면 지방선거를 보다 효과적으로 치를 것인가와 어떻게 하면 승리할 수 있을 것인가에 대해 관심이 많거나 경험이 있는 독자들의 조언과 질책을 바라면서 전자서적으로의 출판을 쾌히 허락해 준 한국학술정보와 편집에 수고해주신 분들에게 감사드린다.

2001년 12월

신 기 현

차 례

1. 컨설팅으로 시작한다

2. 선거 기획, 6개월 이전에 완료해야

3. 인터넷, 선거의 최대 우군

4. 국내외 지방선거 동향과 특성

5. 지방선거 준비, 이렇게 다진다

6. 변화된 지방선거 지형과 제도

7. 지방선거 전략 재점검

8. 여론조사, 준비를 다지는 초석

9. 이미지 창출, 언론을 공략하라

10. 개정 선거법에 유의하라

1. 컨설팅으로 시작한다

"주민자치센터 '자치 프로그램'은 없고 선거조직으로 변모될 우려가 있다, 광역의회 비례대표 폐지를 검토한다, 조기 지방선거의 경우 '행정공백'이 따른다, 지방선거 조기 과열 조짐, 여야 서로 엇갈리는 선거법 개정전략, '공천 스토커' 로비 기승, 각종 탈법 사전 선거운동" 등에 관한 기사가 경향 각지의 언론매체에 하루도 끊일 날이 없다. 그만큼 선거에 대한 관심이 많고 선거가 가까이 다가왔다는 이야기이다.

지방선거에 대한 저울질

지방의회가 구성된 지 10년이 지났고, 직선단체장 시대도 7년째에 접어든 지 오래다. 월드컵 경기 등과 엇물려 있어 정치권의 조정 문제가 있다고는 하지만 선거법대로라면 지방의원과 단체장에 대한 선거는 2002년 6월 13일에 다시 실시될 예정이다.

이러한 현실에서 지방선거를 준비하는 사람들은 과연 어떠한 생각을 가지고 선거에 임하게 될까? 유력한 정당의 유력

인사에게 잘 보여 공천을 따내면 되는 것은 아닐까? 이렇게 생각하는 후보자라 하더라도 기본적으로는 선거에 대한 기본을 알고 시작하는 것이 바람직하다.

스캔들 등의 불리한 여건에도 불구하고 1992년 미국의 대통령선거에서 승리한 빌 클린턴의 저력은 단순한 선거 캠페인이나 인상적인 이벤트 혹은 개인의 역량 문제가 아니었다. 그보다는 성공적인 마케팅 기법의 사용이 두드러졌다는 점일 것이다. 수많은 상품과 서비스를 시장에 내놓기 위해 사용하는 마케팅 기법이 클린턴의 선거전략에 유효 적절하게 활용되었던 것이다.

캠페인 전략과 정치마케팅이 조화를 이루지 않고는 선거에서 승리하기가 어렵게 되고 있는 것이 바로 오늘날의 민주주의 사회이다. 오늘날의 선거는 각 후보 및 후보 예정자와 정당들의 전략과 전술이 노출되면서 전개되는 공개적인 경쟁 양상을 보이고 있다.

공개된 장소에서 유권자에게 후보자나 자기 정당을 지지하도록 설득하는 과정이 선거운동이기 때문에 전략과 전술을 경쟁자에게 숨기는 것이 불가능하다. 실제로 선거를 많이 경험한 관계자들이나 전략가들은 상대 후보나 정당이 발설하는 내용을 조금만 확보해도 그들의 전략이 무엇인지를 대충 파악할 수 있다고 할 정도로 선거전략은 공개적이다.

대통령선거를 둘러싸고 여야 정당들이 언론 전략을 어떻게 수립할 것인가가 세간의 관심이 되었던 것도 그러한 전략이 시나리오대로 진행되는 경우의 파급 효과를 능히 예측할 수 있었기 때문이었다.

그러다 보니 여야 관계자들은 2002년에 치러질 지방선거가 이를 뒤이을 대통령선거를 결정짓는 분수령이 될 것으로 보면서 각기 전략 마련에 부심하고 있는 상태다. 선거법이나 지방자치법 개정을 의도하기도 하겠지만 자신들의 세가 불리할 것인가 아니면 유리할 것인가에 대한 저울질 수준을 뛰어 넘지는 못하리라는 것이 세간의 분석이다.

현역이 유리한 불공정한(?) 선거

민주주의 사회라고는 하지만 토대와 제도는 여전히 불공정한 경쟁을 전제로 해야 하는 것이 선거다. 선거에 출마하는 모든 후보들에게 공정한 규칙이 적용되고, 동일한 환경이 주어진다면야 현역이 아닌 신참이나 무소속 관계자들이 어찌 불공평하다고 불만을 터뜨릴 것인가.

현직 의원들이 향유할 수 있는 의정보고 활동이야말로 선거운동에서 한발 앞서가는 기반이 된다는 것을 모르는 후보자는 없을 것이다. 무소속이나 신참 후보들이 선거운동 기간 이외에는 선거운동을 할 수 없는 것에 비하면 현역 위주의 선거판이야말로 기본적으로 불공정한 경쟁을 기반으로 하고 있음을 직시할 필요가 있다.

실제로 1998년 6.4지방선거의 기초단체장 선거 결과를 뜯어보면 진짜 승리자는 여당이나 야당이 아니라 당시의 현역 시장-군수-구청장들이었다고들 말한다. 당시에 현역들은 모두 201명이 출마, 153명이 당선됐다. 당선율 76%로, 4명 중 1명만 떨어진 셈이다. 이는 전체 232명의 기초단체장 중 65.9%를 차지하는 숫자다.

현역 중 정당을 바꾸거나 공천에 탈락, 무소속으로 출마한 후보자는 59명인데 이들도 37명이나 당선돼 62%의 당선율을 보였다. 그만큼 현역들이 유리하였음을 보여주는 단적인 사례라고 할 것이다.

선거운동을 둘러싼 환경도 마찬가지이다. 지방선거에서 광역단체장 선거의 경우 언론매체의 집중 조명을 받을 기회가 많아 자연스럽게 유권자들에게 자신을 알리는 기회가 많아지지만 기초의원 후보자들의 경우에는 선거 당일까지도 선거공보 자료가 아니고서는 제대로 자신을 알릴 수가 없는 경우가 허다하다.

그런가 하면 주요 정당의 공천을 받는 경우 처음부터 앞서 나갈 수가 있지만 무소속 후보들의 경우 어느 언론매체도 쉽사리 그들의 동정을 거들떠 보려들지도 않는 경우가 다반사다.

민주주의를 시험하는 무대가 바로 선거이기에 그 판에서 이뤄지는 경쟁은 법령에 의거하여 공정하게 치러져야 하지만 도덕적인 운동은 고사하고 불법이 횡행하는 운동으로 점철되는 점이 허다하다는 것을 분명히 파악해야 한다.

후보나 후보 예정자들의 선거법 위반을 밝혀내기 위한 인적인 자원이나 물적인 자원이 매우 부족하다고 하지만 선거 기간 중에 행해진 선거법 위반 행위가 고발 등을 통해 명백하게 드러나지 않는 한 위반 사실이 밝혀지기 어려운 것이 현실이다. 거기에 이러한 위반 사례가 적발되었다 하더라도 선거가 곧장 무효화되는 것이 아니라는 점이 법 적용의 한계라고 할 것이다.

냉철한 전략으로 임해야

그런가 하면 후보자나 후보 예정자들은 선거에 대한 관심이 많으면서도 실수를 반복하곤 한다. 후보들은 선거가 시작되기 이전 1년 동안은 유권자들의 성향을 과학적으로 파악하고 있어야 하며 6개월 전부터는 각종 금지-제한 규정에 저촉되지 않도록 해야 한다. 그러나 많은 수의 후보자나 관계자들은 단순히 선거에 임박해서야 공천이나 따내려 들고 대충 출마의 변이나 늘어놓기 일쑤다.

그러다 보니 정치마케팅이 강조되는 환경에서는 수년 전 공천을 받아 쉽게 당선된 경험이나 대충 향응 제공을 통해 매표 행위를 해도 통했던 경험이 무용지물이 되는 경우가 많아질 수밖에 없다. 그럼에도 불구하고 후보나 후보 예정자들은 유권자들에 대한 정보 부족을 타개하지 못한 채 선거전략을 수립하고 선거운동을 해나가는 과정에서 제대로 유권자를 파악하지 못하는 실수를 반복하곤 한다.

이러한 선거 환경 속에서 어떻게 하면 후보자로 나서서 당선될 수가 있을 것인가. 이와 관련된 개념이 바로 선거전략이다. 선거전략은 후보나 정당과 같은 선거의 주체들이 자신들이 이용 가능한 인적/물적 자원을 효율적으로 사용하여 선거에서 승리하기 위한 또는 더 많은 득표를 하기 위한 계획과 행위로 정의될 수 있다.

한국의 정치 현실에서 선거전략을 드러내놓고 이야기하자면 정당 관계자인 경우 정당의 공천획득, 출마 결정 후 전반적인 선거전략의 방향 설정, 세부적인 운동방법 결정 등에 주안점을 둘 수밖에 없다.

유력한 정당의 지지 구해야

지역 구도가 엄존하는 한국정치 현실에서 각각의 정당들이 유권자들의 투표 행태에 미치는 영향은 매우 큰 편이다. 광역단체장 선거의 경우 국민회의와 한나라당이 나란히 6명을 당선시켰으며, 자민련도 4명을 당선시켰다. 기초단체장 선거의 경우 전국 232개 기초단체 가운데 서울, 경기, 인천 등 수도권과 텃밭인 호남-충청권에서 국민회의와 자민련이 압승을 거둬 모두 113개 지역(국민회의 84, 자민련 29)에서 당선자를 냈다.

한나라당은 부산, 대구, 울산, 경북, 경남 등 영남권과 강원에서 압승을 거뒀지만 수도권에서 약세를 보여 74지역에서 당선자를 내는 데 그쳤다. 이 밖에 국민신당은 1지역, 무소속은 44지역에서 당선자를 배출하였다.

총 6백16명(비례대표 74명 제외)을 선출한 광역의원 선거에서는 국민회의 271명, 자민련 82명, 한나라당 224명, 무소속 39명이 각각 당선된 것으로 나타났다.

광역의원 선거에서 국민회의와 자민련이 지배적인 여서, 한나라당이 지배적인 야동, 즉 「여서야동」 구도가 더욱 고착된 모습을 보였다.

특정 정당이 본거지에서 광역의회를 100% 장악한 곳이 3곳이나 나왔다. 26명의 의원을 뽑는 대구는 모두 한나라당, 14명을 뽑는 광주는 모두 국민회의, 14명을 선출하는 대전은 모두 자민련 일색으로 의회가 구성되었다.

이러한 배경으로 볼 때 우리의 지방선거에서 성공을 거두자면 직업이나 성별, 학력, 연령에 관계없이 정당과의 관계를 결코 소홀히 할 수가 없다는 것을 알게 될 것이다.

지방선거의 경우 주요 정당의 공천 획득 여부에 따라 당락이 결정되는 선거구가 많은데 그 이유는 정당을 보고 투표하는 유권자의 비율이 상당히 높다는 점이다. 설사 정당 공천과 관계없이 후보를 보고 투표하겠다는 유권자들 중에서도 후보에 대하여 충분한 정보를 갖고 있지 못한 상태에서는 결국 정당을 보고 투표하는 경향으로 흐르게 되기 때문이다.

큰 틀에서 선거를 바라봐야

공천 여부와 관계없이 출마를 결정하는 경우에는 득표를 많이 하기 위하여 선거전략의 방향을 제대로 설정해야 한다. 후보와 선거운동원들은 무엇을 어떻게 할 것인가를 결정해야 한다는 이야기이다.

선거전략의 방향이 제대로 설정되어 있지 않은 상태에서 세부 전술들이 앞서가는 경우가 많은 것이 바로 지방선거의 현실이다. 광역-기초의원과 광역-기초단체장 선거를 동시에 치르다보니 선거전략보다는 선거전술만 가지고 뛰는 경우가 적지 않은 편이다.

지역마다 선거운동을 잘하는 전문가나 경험자는 많을 수는 있다. 그러나 선거 전반의 흐름을 파악하고 정세를 분석하며 각 전술의 장단점을 파악하여 배치할 수 있는 선거전략 전문가를 만나기란 쉽지가 않다.

공천만 하더라도 이제는 지역의 여론조사를 통해 당선 가능성이 높은 사람을 우선적으로 발굴해야 하고 과학적인 선거전략이어야만 정당이나 후보자의 인지도 및 지지도를 높여갈 수가 있다는 것을 알아야 한다.

이러한 선거전략에 기초하여 세세한 선거운동방법을 준비하는 노력 역시 중요하다. 아무리 전략이 좋아도 세부적으로 실천되지 않으면 무의미하기 때문이다. 이를테면 언제 어디서 누구를 만나 어떠한 연설을 하고 어떠한 형태의 홍보물을 부착하며, 어떠한 정책을 개발해야 하는가 등이 바로 그것이다.

그러기에 후보자가 되고자 한다면, 후보자를 추천하고자 한다면, 혹은 후보자를 도와 선거를 치러야 하는 입장이라면 이 정도는 알고 시작해야 한다.

적어도 「정당 공천은 확실한가, 아니면 정당의 지원이 가능한가를 확인」할 필요가 있다. 그러나 정당 공천이나 지원이 무의미한 지역의 선거라고 한다면 무소속으로 얼마든지 선거운동을 전개할 수가 있다는 점도 감안해야 한다.

이와 관련하여 「선거조직에 대해서도 평가」할 필요가 있다. 과거에 선거를 치러본 경험이 있다고 한다면 다음과 같은 사항을 점검해봐야 한다.

먼저 그 선거조직이 효율적이었는가를 평가해봐야 한다. 만약 그렇지 못했다고 한다면 그 요인을 다양하게 추적해봐야 한다. 선거조직의 비효율성을 초래하는 요인들로는 조직내 갈등, 자금 및 운동원의 부족, 조직원의 자질 부족 등을 파악할 수 있을 것이다. 이와 관련하여 개선 방안 등을 어떻게 모색하고 있는지를 점검하는 노력이 필요하다.

「후보자 혹은 후보 예정자의 인지도나 지지도」와 관련해서는 다음과 같은 사항에 대한 점검이 필수적이다.

후보자와 경쟁자에 대해서 점검한다. 경쟁자의 수에서부터 시작하여 유력한 정당의 공천을 받을 가능성이 있는 경쟁자에 대한 대응, 무소속으로 출마가 유력시되는 후보 예정자로서 지지도가 높은 경우에 대응하는 전략에 대한 모색이 필요하다.

또한 후보자 지역의 각종 선거 관련 정보와 이에 대한 관심을 정확히 파악하는 일이다. 이를테면 선거에 관심이 많은 지역인가, 언론매체 등의 관심이 많은 지역인가, 유권자들의 속성이 서로 다른지 아니면 비슷한가 등에 대한 분석이 이뤄져야 한다.

「선거운동 기간이 후보자에게 유리한가」도 분석해봐야 한다. 현역 지방의원이거나 자치단체장이라고 한다면 선거운동에 당연히 유리한 입장에 있다고 봐야 할 것이다. 그러나 악재가 터진 경우라고 한다면 그러한 악재가 잠재워진 기간일 것인지 아니면 지속되는 기간인지를 고려해봐야 한다. 선거를 전후하여 거대 이벤트가 예정되어 있다고 한다면 기본적으로 이를 이용할 수 있는 후보자가 누구인가에 따라서도 선거전략은 달라진다고 할 것이다.

인지도와 지지도가 앞에서 제시된 여러 상황에 따라 어떻게 변화되고 있는가를 점검해보는 노력은 필수적이다. 상황 변화에 대한 점검은 정확한 여론조사 전문가를 만나는 데에 비중을 두어야 한다.

전문가–경험자와의 컨설팅으로 점검하라

지역구 관리를 위한 후보자 마케팅과 주민 만족도를 파악하기 위한 여론조사 및 정책평가 컨설팅을 전담해 온 필자의 입장에서 선거를 치르고자 하는 후보 예정자나 선거를 기획하고 운동을 담당해야 하는 후보 진영 관계자에 대한 최초의 컨설팅은 다음과 같은 사항에 대한 점검에서부터 시작하였음을 밝힌다.

－출마 예정지의 지역 여론조사 결과 파악 방법
－지역의 정계 흐름 파악 수준
－출마 예정지 유권자의 성향 분석 경험
－언론사 및 정보기관의 정보 입수 능력
－다른 사람의 말을 기록하는 수준
－신문이나 잡지에 나오는 지역 현안 스크랩 수준
－후보자의 자금 동원 능력(선거비용 및 선거준비 비용)
－선거운동 경험
－상대 후보자 혹은 예정자에 대한 파악 수준
－상대 후보자의 장단점 파악

－후보자의 인간성, 예의 수준

－평소 약속을 지키는 수준

－후보자의 담력

－후보자의 자신감

－후보자의 건강

－출마 예정지역의 학연, 혈연, 지역 관계

－출마 예정지에서 후보자가 회원 혹은 간부로 참여하고 있
　는 각종 단체 현황

－출마 예정지에서 무엇이든 터놓고 상의할 수 있는 인사

－후보자의 측근 인맥 구성 실태

－중앙 정계 및 재계에서 후보자를 도울 수 있는 인맥

－지역 애경사 참여 수준

－종교 및 종교 단체 관여 수준

－전임자와의 친분 관계

－편지, 연하장 주고받는 수준

－자신의 평소 활동 기록, 촬영 실태

－지역 현안에 대한 후보자의 해결 태도

－지역 현안에 대한 후보자의 관여 수준

－지역 현안 해결 경험

－후보자의 연설 능력

－후보자의 이미지 전달 수준

－후보자의 외모

－후보자의 유머 및 위트 구사 수준

－후보자가 20대-30대 조직과 연결되어 있는 수준

－후보자가 남성 혹은 여성 조직과 연결되어 있는 수준

- 남성 혹은 여성들 사이에서의 인기 수준
- 이득을 가지게 되었을 때 구성원과 나누는 수준
- 후보자가 거쳤던 조직이나 사업장에서의 인기
- 후보자 자신의 철학과 구호
- 수신제가치국평천하와 관련된 사항
- 후보자의 남편 혹은 아내의 출신지 및 사회 활동 수준
- 불우이웃 돕기 등 자선, 자원봉사 활동 관여 수준
- 이웃과의 친밀도
- 자녀들에 대한 평가
- 지역구의 인구 수
- 이메일을 주고받는 수준
- 자신의 홈페이지
- 지역내 소집단, 기관단체 관계자 명단 및 조직원 실태 파악 수준
- 지역내 지명, 인명 파악 수준
- 선거운동 교육을 받은 경험
- 선거법 인지 수준

이러한 컨설팅 경험을 전제로 하여 변화되고 있는 지방선거 지형과 제도, 지방선거를 준비하는 요령으로서의 선거전략 기획, 지방선거 준비를 다지는 여론조사 활용 기법, 이미지 창출 및 정치마케팅 전략 구현, 위기관리, 각종 선거법령의 변화 실태, 그리고 인터넷 발전에 따른 활용 전략을 논의하고 자 한다.

2. 선거 기획, 6개월 이전에 완료해야

선거전략 기획, 지침서와 골조를 만드는 작업

선거에 관심을 가진 입지자라고 한다면 가능한 한 빨리 시작하는 것이 유리하다고들 말한다. 그렇다고 하여 선거법을 위반한다거나 분위기가 조성되지 않았는데 서두르는 것은 바람직하지 않다.

그러나 선거운동에 대한 준비만큼은 매우 오래 전부터 시작되어야 한다. 선거운동과 선거운동을 위한 준비는 별개의 문제다. 현역 자치단체장이나 지방의원이라고 한다면 재임 기간 내내 선거운동을 할 수 있는 유리한 입장이다. 그러나 새롭게 도전하는 입장이라면 문제는 달라진다는 것을 분명히 알아야 한다.

이 점에서 선거를 치르기 위한 선거전략은 선거운동 기간을 포함하여 선거준비 기간까지 아우를 수 있도록 사전에 준비되어야 한다.

선거전략 기획은 선거의 시작부터 끝까지 일관되게 적용되어야 할 지침서이자 건물의 골조를 만드는 작업이다. 따라서 객관적 정보에 의한 정확한 전략이 수립되어져야 하기 때문에

정치-경제정세, 사회문화적 특성, 지역의 특수한 환경 및 정
세, 선거법 등 모든 분야를 전반적으로 고려하여야 한다.

  그러기에 장기간 이 분야에 경험과 노하우를 축적해 온 전
문가 등의 조언을 구하는 작업이 매우 중요하다.

  선거전략이나 선거운동에 대한 기획안 하나 없는 상태에서
후보자가 현명하게 시간을 활용하기란 쉽지 않은 일이다. 이
와 관련하여 여기서는 11월 이후 지방선거가 6개월 앞으로 다
가온다는 점을 감안하여 지방선거의 사무 일정과 함께 단계별
선거전략 기획 방법을 제시하고자 한다.

종합적인 선거운동, 체계적인 전략에 입각해야

  선거운동은 선거에서 승리하는 것을 궁극적인 목적으로 한
다. 이러한 목적을 달성하고자 선거운동을 통해 승리에 필요
한 지지를 획득해가야 한다. 선거에 필요한 유권자 지지를 획
득하는 것이 선거운동의 당면 목표가 되는 셈이다.

  선거운동을 하자면 이를 종합적으로 운용해가는 대책을 수
립해야 하는데 이것이 바로 선거전략이다.

  선거전략은 선거에서의 승리에 필요한 유권자 지지를 획득
하고자 인적, 물적, 사회적, 환경적 자원을 효과적으로 사용하
는 총괄적인 방법과 계획을 말한다. 이러한 방법과 계획을 보
유한 선거전략이야말로 선거운동 과정에서 시행되는 세부 결
정들의 주요 방향을 설정하게 해준다.

  선거전략이 정상적으로 가동되는 경우 선거자원을 효율적으

로 사용하는 것은 말할 것도 없고, 대내외적 긴장과 압박이 고조되거나 개인, 집단 등의 이해관계가 첨예화되는 경우 충동적이고 감정적인 판단에 의해 후보자나 선거운동 자체가 손상을 받지 않도록 일관성을 유지해줄 수가 있다.

제대로 된 선거전략이야말로 혼돈 상태에서도 일관성과 방향을 상실하지 않고 선거운동의 세부 문제점들을 점검하고 추진해가는 조타수 역할을 수행하게 한다.

〈총체적인 선거전략〉 속에는 다음과 같은 〈하위 선거전략〉이 포함된다.
- 메시지 전략
- 정치홍보전략
- 조직전략
- 유권자 접촉 전략
- 자금 전략 등이 바로 그러한 사례들이다.

이들은 주요 부문별로 방향을 설정해주는 역할을 수행하지만 총체적인 선거운동전략과 부합되는 것이어야 한다.

선거에서 승리하자면 전략이 좋아야 하는 것은 당연하다. 그렇다고 선거전략만 좋고 이를 현장에서 구현해가는 구체적인 실행 전술이나 테크닉이 간과되어서는 안 된다. 특히 지방선거와 같이 선거구가 작거나 유권자 규모가 작은 경우 전략도 좋지만 전술적 효과성이 더욱 중요하다는 것을 알아야 한다.

선거전략은 적어도 다음과 같은 〈원칙〉을 충족시키는 것이어야 한다.

첫째, 경쟁후보들보다 상대적으로 우위에 있는 점만을 표적집단이 되는 유권자들이 알도록 하여 이를 기초로 유권자들의 지지를 이끌어낸다.

둘째, 유권자들이 경쟁후보의 장점보다는 약점을 더 많이 알도록 하여 유권자들로 하여금 상대 후보 지지로부터 이탈하도록 할 수 있는가이다.

셋째, 선거운동원들이 선거전략을 이해하고 동의하여 이를 철저히 이행토록 해야 한다.

선거전략 기획 방법

선거전략을 어떻게 수립해야 할까?

선거전략 수립을 위한 기획은 선거가 가장 적합한 수단에 의해 목표를 달성할 수 있도록 장래에 실행할 일련의 구체적 행동을 위한 준비 과정이다. 여기서 장래에 실행할 일련의 구체적 행동을 계획이라고 한다면 이러한 계획은 바로 기획의 산물이다.

선거기획은 장래에 치를 선거와 선거운동에서 달성해야 할 목적과 당면 목표를 결정하는 동시에 그 결정된 목적과 목표를 달성하고자 적절한 수단을 강구하는 행위이다.

이렇듯 선거전략은 선거에 대한 계획을 수립하고 과정별로 구체화시킬 수 있는 수단을 강구하는 선거전략기획의 소산이다. 이 점에서 선거전략은 일종의 선거운동 계획이고, 선거기획은 이러한 계획을 마련하는 과정이다. 선거전략을 기획하고 수립하는 과정을 그림으로 표현하면 〈그림 1〉과 같다.

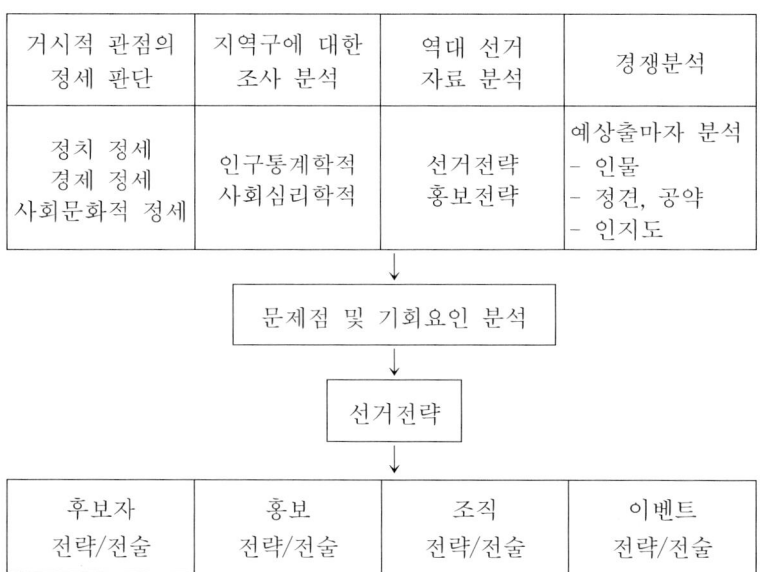

거시적 관점의 정세 판단	지역구에 대한 조사 분석	역대 선거 자료 분석	경쟁분석
정치 정세 경제 정세 사회문화적 정세	인구통계학적 사회심리학적	선거전략 홍보전략	예상출마자 분석 - 인물 - 정견, 공약 - 인지도

문제점 및 기회요인 분석

선거전략

후보자 전략/전술	홍보 전략/전술	조직 전략/전술	이벤트 전략/전술

〈그림 1〉 선거전략 수립 과정

선거전략 기획의 단계

그렇다면 2002년 지방선거를 대비한 전략에 대한 기획은 어떠한 단계를 거쳐 마련되어야 할 것인가.

「제1단계」는 선거운동의 궁극적인 목적과 이 목적을 달성하기 위한 당면 목표를 설정하는 것이다. 다시 말해 선거에서 유권자의 지지를 충분히 획득하여 승리하고자 하는 목적과 목표를 설정하는 것이다.

「제2단계」는 선거운동의 성격을 정확히 규명하여 선거운동의 주제를 최적화시키는 일이다. 선거운동의 성격을 정확하게 파악하여 최적의 주제와 전술을 활용하자면 과학적이고 치밀한 형태의 조사와 분석이 선행되어야 한다.

과학적인 조사와 분석이라고 하는 것은 각종 형태의 조사를 통해 후보자 분석, 선거구 분석, 선거환경 분석, 과거의 투표행태 분석, 지지기반 분석, 기타 선거자원 분석 등을 가능하게 하는 것이어야 한다.

특히 2002년 지방선거는 대통령선거를 앞둔 시점이라서 여전히 지역색과 당색이 기승을 부릴 전망이다. 그럼에도 불구하고 일부 지역에서는 정당에 대한 지지가 과거와 같지 못하다는 점도 눈여겨볼 필요가 있다.

「제3단계」는 선거운동의 주요 주제를 호소력 있게 표현하는 대표적인 구호와 이를 구체화하는 중간 범위 수준의 메시지, 좀더 세분화되는 메시지 등을 차례대로 개발하는 것이다. 세분화되는 메시지는 어떠한 유권자층을 대상으로, 혹은 어떠한 지역을 대상으로 전달되어야 하는지를 분명하게 해야 한다.

「제4단계」에서는 개발된 메시지를 유권자들에게 전달하는 데 소요되는 선거비용을 확보하는 데에 초점을 맞춰야 한다. 선거비용 수입은 후보자 자신의 능력으로 충당하는 부분과 및 중앙당 등의 지원금 부분으로 구성될 수가 있다. 이러한 기획은 예상 수입에 비중을 둘 것이 아니라 실현 가능한 수입에 기준을 두어야 한다. 그렇지 않은 경우 막판의 선거운동이 뒤죽박죽이 될 가능성을 배제할 수가 없게 된다.

선거비용 확보는 일단 어느 정도의 물적 자원이 소요될 것인가와 이 물적 자원을 어떻게 확보할 것인가에 대해서도 관심을 가져야 한다. 선거전략 실행에 필요한 인적 자원, 승리에 필요한 지지세력 확보와 이를 위한 선거운동 조직의 규모, 자원봉사자 규모와 관리 방안, 모금 방법 등에 대한 계획 수립이야말로 바로 선거비용을 확보하는 기획에서 이뤄져야만 한다.

「제5단계」에서는 좀더 구체적으로 지지세력을 파악하는 일이다. 선거운동이야말로 지지해주는 유권자, 설득이 되는 유권자를 대상으로 하는 것이 당연한 일이다. 설득이 되어 지지를 해주는 유권자야말로 지지를 확산시켜가는 요체가 되기 때문이다.

지지 가능성이 높은 유권자층을 추적하자면 과거의 투표행태, 최근의 지역정치 환경 등을 고려하여 지역, 정당, 태도, 인구통계학적 측면 등에 대한 다양한 여론조사와 분석이 필요하다고 할 것이다.

2002년 선거에서도 여전히 정당이 주요 기반이 될지는 미지수이나 정당의 지지를 확보하는 경우 그만큼 선거운동이 수월하다는 점은 부인할 수가 없는 형편이다.

「제6단계」에서는 선거운동의 조직 방안을 강구해야 한다. 개발된 메시지를 유권자들에게 효과적으로 전달해주기 위해서는 각종 커뮤니케이션이 가능한 조직을 개발해야 한다. 선거운동에서 가동되는 조직은 기본적으로 예산이 수반되어야

한다는 것을 간과해서는 안 된다. 예산이 따르지 않는 선거조
직은 자칫 이탈하거나 역효과를 낼 수도 있다는 것을 알아야
한다.

「제7단계」에서는 잘 구성된 조직을 활용하여 메시지를 유권
자들에게 효과적으로 전달하는 방안을 강구하는 일이다. 어떻
게 하면 메시지를 유권자들에게 효과적으로 전달할 것인가는
선거전략의 주된 관심사이다.

이러한 메시지 전달은 유권자 접촉과 같은 직접적인 정치커
뮤니케이션으로부터 간접적인 커뮤니케이션은 말할 것도 없
고, 후보자의 좋은 이미지 만들기, 네거티브 선거운동 등까지
모두 포함된다는 것을 유의해야 한다.

<표 1> 선거전략 기획의 단계별 과정

기획 단계	전략의 주요 과제
1 단계	선거운동의 목적과 당면목표 설정
2 단계	선거운동 조사분석
3 단계	각종 선거운동 메시지 구성
4 단계	선거비용 확보 방안 수립 및 선거자원 파악
5 단계	지지세력 파악
6 단계	조직구성 방안 수립
7 단계	각종 메시지 설득커뮤니케이션 방안 수립

선거전략 기획의 기본 모형

선거전략 기획안 작성의 기본 모형을 예시하면 다음과 같다.

첫째, 목표를 설정해야 한다. 이때 목표 득표 수는 각 지역별 구분, 고정표-유동표 구분, 사회인구학적 구분을 고려해야 한다. 이에 따라 다음과 같은 사항을 점검한다.

① 인지도 증가
② 선호도 증가
③ 목표 당원 수(각 지역별 구분, 사회인구학적 구분, 각종 단체별 구분)
④ 각종 단체 접근 확보
⑤ 사조직 구축(특성 및 규모별 구분)

둘째, 정치적 상황을 분석해야 한다.

여기서 〈내부 요소〉로 점검할 사항은 다음과 같다.

① 후보자 상황(총 투표 수, 득표 수, 득표율, 득표 수 분석, 후보자 현직 유무, 후보자의 인격, 성품, 경력, 후보자 기반 등)
② 조직 상황(유권자 접근 조직 구축 가능성: 정보, 참모, 정당, 운동원, 명망가; 조직의 강점과 약점: 동기 부여, 한계 파악)
③ 자금(후보자의 재정-가용자금, 친지 등의 조달, 후원회 구성 가능성 예상금액)
④ 후보자의 강점과 약점
⑤ 기타 자원에 대한 정직한 평가

또한 〈외부 요소〉로 점검할 사항은 다음과 같다.

① 경쟁자 상황(인기, 건강, 외모, 경력 및 후보자 상황과 비
   슷한 내용, 예상 컨셉, 표적, 적절한 전략, 조직, 공약)
② 경쟁자의 강점과 약점
③ 선거구 상황(2차 자료: 역대선거 자료, 인구통계학적 자
   료, 유권자 규모-변동; 1차 자료: 후보자의 이미지, 인기,
   선호도, 유권자 인식 및 이슈)

선거구 상황 분석은 표적집단 설정과 관련하여 매우 중요한
데 여기서는 기본적으로 투표 행태, 유권자 여론, 지리적 요인,
인구통계학적 요인을 고려해야 한다.

2002년 6월에 지방선거가 시행된다는 전제 하에 선거일정과
선거전략 상의 일정, 선거전략에 따른 기간 배분, 이에 따른
단계별 활동 목표를 예시하면 다음과 같다.

〈표 2〉 선거전략에 따른 기간 배분(6개월)

선거전략 수립	선거전략에 따른 세부 전략-전술 시행 소요 기간					투표일
	1개월	2개월	2개월	2-3주		
	준비 시작	준비 성숙	준비 완성	준비 점검	선거기간	
사전대중기반 조성기 (준비시작-준비점검단계)				대중 메시지 만들기		

〈표 3〉 전국 동시 지방선거 주요사무 일정

(2002년 6월 13일 기준)

시행 일정	실 시 사 항	기 준 일	공직선거법규
2001.12.15(토)~ 2002.6.13(목)	기부행위제한	선거일 전 180일 부터 선거일까지	법§112
3..15(금)까지	향토예비군 소대장 이상의 간부 또는 통·리·반의 장이 선거사무관계자 등이 되고자 하는 때 그 직의 사직	선거일 전 90일까지	법§60②
4..14(일)까지	입후보하는 공무원 등의 사직	선거일 전 60일까지	법§53①
4.15(월)까지	입후보자 거주요건	선거일 현재 계속하여 60일 이상 관할 구역 안에 주민등록	법§16③
5.18(토)까지	선거비용제한액 등 공고	선거기간 개시일 전 10일까지	법§122
5.22(수)부터 5.26(일)까지	선거인명부 작성	선거일 전 22일 부터 5일 이내	법§37, 규§10
	부재자신고 부재자신고인명부 작성		법§38, 규§11
5.28(화)부터 5.29(수)까지	**후보자등록 신청** (매일 오전 9시~오후 5시 까지)	선거일 전 16일부터 2일간	법§49, 규§20
6.1(토)까지	선전벽보·선거공보·부재자용 책자형 소형 인쇄물 제출	후보자등록 마감일 후 3일까지	법§64②, 65②, 66⑥ 규§29③④, 30③, 31③
6.3(월)까지	선전벽보 첩부	제출마감일 후 2일까지	법§64② 규§29②⑤, 123
	부재자투표용지 발송(선거공보, 책자형 소형 인쇄물, 부재자 투표안내문 동봉)	선거일 전 10일까지	법§154, 212 규§77

6.4(화)까지	매세대용 책자형 소형 인쇄물 제출	후보자등록마감일 후 6일까지	법§66⑥2 규§31③
	선거공보 발송	선거공보제출마감일 후 3일까지	법§65②
6.6(목)에	선거인명부 확정	선거일 전 7일에	법§44
6.6(목)부터 6.8(토)까지	부재자투표소에서의 투표 (매일 오전 10시~오후 4시까지)	선거일 전 7일부터 3일간	법§148①, 155②
6.7(금)까지	투표안내문 발송 (매세대용 책자형 소형인쇄물 동봉)	선거인명부 확정일 다음날까지	법§153①②, 211④ 규§76, 127
6.8(토)까지	개표소 공고	선거일 전 5일까지	법§173 규§95②, ③
6.13(목)	**투표, 개표**	**선거일**	법10장, 법11장
6.23(일)까지	선전벽보 등 작성비용 보전 청구	선거일 후 10일까지	법§122의2① 규§51의3①
7.13(토)까지	선전벽보 등 작성비용 보전	선거일부터 30일 이내	법§122의2①, 135의2 규§51의3①, 59, 59의2
	선거비용 수입·지출보고서 제출	선거일 후 30일까지	법§132①② 규§56

이러한 기간 배분에 따라 단계별 활동 목표를 예시하면 다음과 같다 〈김창남, 『현대선거정치캠페인론』(나남출판, 2000)〉.

〈표 4-1〉 준비시작단계: 초기 1개월

♣선거운동, 정치마케팅, 정치캠페인 컨설턴트 선정(정치 자문 필요시)

♣선거전략기획팀 구성

♣사전 여론조사 및 분석

♣정치후보자 분석: 후보자 및 예상 경쟁후보자

♣선거환경분석: 이슈분석 포함

♣과거투표행태 분석

♣대중매체내용분석

♣대중매체접촉: 언론과의 우호적 관계 형성, 기자들과의 모임, 공보활동

♣선거운동 계획 작성: 메시지개발, 홍보논리개발, 정책개발

♣이슈에 대한 입장 정리

♣지역별, 정당별 지지 세력 분석

♣태도에 따른 지지 성향 분석

♣인구통계학적 유권자 성향 분석

♣영역-분야별 지지 세력 분석

♣인지도 형성 및 유지

♣조직 구축을 위한 자원 탐색 및 검증 관리

♣조직 구성 시작: 선거 고문, 선거대책 본부장 등 주요 참모, 분야별 담당자 물색

♣재정위원회 및 후원회 구성

♣선거자금 목표 설정

♣잠재적 모금에 대상자에 대한 자료 확보

♣모금 목표 및 구체적 모금 계획 수립

♣선거 사무실 준비: 선거운동 장비 준비 시작

〈표 4-2〉 준비성숙단계: 초기 2개월째에서 3개월째

♣정치자금인지도 향상: 인지도를 향상시킬 수 있는 이벤트 조직
♣정치자금조직완성 및 시험 가동, 점검 보완
♣조직의 교육 시작
♣자원봉사자 확보 및 교육(선거운동 기간 지속적으로 유지)
♣지역인사 접촉: 인지도 제고 및 지역구 내 주요 인사들의 지지
  세력화
♣각종 지지집단 접촉: 정당지도자, 단체, 조직, 모임 등
♣언론접촉 계속: 공보활동 강화
♣연설토론 준비
♣선거공보, 책자형 홍보물 개발 시작
♣미디어광고 개발
♣모금
♣정당행사 조직
♣여론조사: 인지도와 지지도의 추이 분석

〈표 4-3〉 준비완성단계: 4개월째에서 5개월째

♣본격적인 선거운동을 위한 준비 완료
♣지지세력화: 인지도를 지지도로 변환시키는 작업 계속
♣조직의 교육 완료 및 가동: 구전 홍보 강화
♣자원봉사자 활동
♣선거사무에 관한 교육 및 준비
♣지역인사 접촉 계속
♣분야별 지지집단 접촉 계속: 분야별 지지 확산
♣모금활동 계속
♣대중매체 접촉 계속: 공보활동 강화
♣당선 예상도 제고
♣정당 행사 조직
♣각종 행사(이벤트) 조직
♣스팟여론조사: 지지도 수시 점검
♣선거전략의 수정 보완: 필요시

〈표 4-4〉 준비점검단계: 6개월째 2-3주간(선거기간 직전)

♣모든 준비 상태 재검검 및 수정-보완
♣지지세력화 계속
♣조직 및 자원봉사자 가동 계속
♣모금 계속
♣대중매체를 통한 공보활동 계속
♣각종 접촉 활동 계속: 단체, 조직, 모임, 개인
♣언론과의 인터뷰 주선 등

3. 인터넷, 선거의 최대 우군

　지방선거 입지자들이 공통적으로 겪는 애로 사항 중에는 제도적으로 후원회를 두기가 어렵게 되어 있다거나 선거자금을 마련하기 어려운 점이 포함되어 있다. 이는 선거 과정에서 적절한 동원 수단을 가지기가 힘들다는 것을 의미한다. 그만큼 유권자 접촉 역량이 떨어지게 되어 있다는 이야기이다

　이 점에서 확산 일로에 있는 인터넷 활용은 지방선거 입지자들에게 최대의 우군이 아닐 수가 없다. 24시간 가동되는 홈페이지야말로 알아서 찾아와 주는 유권자를 만들고 신속한 응답과 대화를 추구하는 무기로서 지방선거를 준비하는 후보자와 관계자라고 한다면 결코 소홀히 할 수 없는 매체라고 할 것이다.

　현재 많은 수의 자치단체장이나 지방의원들이 홈페이지를 보유하고 있지만 과연 그러한 홈페이지가 선거운동의 무기로서 활용되고 있는가에 대해서는 다시 검토해봐야 한다.

　단순히 홍보용으로만 만들었던 홈페이지였던가? 이제는 선거운동에 유익한 측면뿐만 아니라 유권자들에게 서비스할 부분 등을 검토하여 새롭게 개편하는 작업이 필수적이다. 아울러 아직 인터넷 활용 대책을 세우지 못한 관계자들이라고 한

다면 세밀하게 대책을 세우는 작업을 준비할 때다.

국내 선거와 인터넷 이용

　전자민주주의, 전자정부의 등장을 가속화시키고 있는 인터넷의 변혁 역량은 각종 선거의 양상을 급격히 변화시키고 있다. 유권자, 후보자, 정당 모두가 인터넷 활용을 당연시하는 것에서 보는 것처럼 인터넷은 선거운동의 주요 수단이 되고 있다.

　한국에서 사이버 공간을 통한 선거운동 가능성이 예고된 것은 컴퓨터통신이 어느 정도 보급되었던 시점인 1992년 14대 총선과 1995년 지방선거 과정에서였으며, 인터넷 홈페이지 등을 통한 선거운동이 시작된 것은 1997년의 대통령선거와 1998년 지방선거에서였다.

　1995년과 1998년의 지방선거나 1997년의 대통령선거에서는 사이버 공간 상의 선거운동이 일반 유권자의 지대한 관심을 끌지는 못했었다. 그렇지만 2000년 총선을 치르면서는 인터넷 보급의 확산에 힘입어 후보자와 유권자들의 인터넷 선거운동에 대한 관심이 높아졌고, 시민단체들의 총선연대 활동까지도 강화시키는 수단으로 작용하였다.

　16대 총선은 시민단체가 전개한 낙천·낙선운동으로 여느 때와는 다른 양상을 보였다. 낙천·낙선 대상자의 선정이나 운동방식에 많은 문제가 있음에도 불구하고 이 운동은 정치개혁을 바라는 국민적 요구의 표현을 가능하게 했다는 점에서 많은 관심을 불러일으켰다.

여러 가지 운동 여건이 성숙한 가운데 낙천-낙선운동이 본격화되었지만 이를 가능하게 한 매체 역할을 한 것이 바로 인터넷이었음은 말할 나위가 없다.

신문과 방송이 이 운동의 활성화에 중요한 역할을 한 것은 사실이다. 그러나 과거와 다르다고 한다면 이 운동을 묵살하거나 축소 보도할 수가 없게 된 현실이다. 설사 언론에서 보도하지 않는다 하더라도 인터넷을 통한 정보 확산이 가능하였기 때문이다.

인터넷이 선거에 활용되는 속성

선거에 참여하는 후보자나 유권자가 선거에 대해 어떠한 관심을 가지는가를 보면 인터넷이 왜 선거에 적극적으로 활용될 수 있는가를 파악할 수가 있다.

선거와 관련하여 후보자라고 한다면 기본적으로 다수의 유권자에게 후보자와 후보자의 입장을 전달하여 후보자라는 상품에 대한 유권자의 구매나 지지를 강화하고자 한다.

반면에 유권자는 후보자라는 상품과 정책-공약 등에 대한 정확한 정보를 가지고 싶어한다. 이는 후보자와 유권자 사이의 의사소통이 강화되어야 한다는 것을 의미한다.

유권자에게 더 많은 정보를 저비용으로 전달하면서 지지 대열에 합류시키고 여론을 신속하게 파악하며 선거자금까지를 모금할 수 있는 수단이 있다고 한다면 후보자는 당연히 그 수단에 관심을 가지기 마련이다.

이 경우 후보자나 정당의 경우 유권자들을 끌어들이고 그들의 지지를 구하기 위한 준비를 강화하지 않을 수가 없다. 인터넷이 선거에 이용되는 것도 바로 이러한 의도에서이다.

인터넷이 선거에 영향을 미칠 수 있다거나 선거운동의 중요한 수단이 될 수 있게 된 것은 정보 유통과 관련하여 인터넷이 지니는 다음과 같은 속성과 밀접한 관계가 있다.

첫째, 인터넷은 다양한 정보 통로를 제공한다. 쌍방향 통신, 다수의 참여를 통한 대화, 이용자 상호간의 접촉 가능성 등이 바로 그것이다.

둘째, 직접 접근을 가능하게 한다. 신문이나 방송과 같은 매체가 정보의 전단의 중개 역할을 수행하면서 본래의 의도를 여과시키는 경우가 많지만 인터넷은 이러한 여과 없이 직접 대화와 접근을 쉽게 하는 속성이 있다.

셋째, 사이버 공간에서 다양한 조직의 형성을 가능하게 한다. 시간과 공간의 제약을 탈피시키고, 거래 비용을 감소시켜 사이버 공간에서의 공동체 형성을 증대시킨다.

넷째, 정보 보급에 관련된 비용이나 시간-공간-정보량의 제약을 받지 않아 정보의 확산을 위한 유용한 매체로 작용한다.

이러한 속성을 지닌 인터넷은 선거를 치르는 관계자들에게 다음과 같은 효과를 제공할 수가 있다.

첫째, 인터넷은 저비용으로 신속하고 상호작용적인 다양한 방법을 활용하여 유권자들에게 선거정보를 제공함으로써 최선의 합리적 선택을 가능하게 할 수 있다.

둘째, 선거 과정 및 후보자 관련 정보의 공개, 유권자의 정보 접근력 강화로 투명한 정치를 유도할 수 있다.

셋째, 인터넷은 시간과 공간의 제약 없이 후보자와 유권자와의 양방향 접촉을 가능하게 하여 돈 안 드는 깨끗한 선거를 지향할 수가 있다.

넷째, 선거운동 과정 및 일반 정치과정에서 제시되는 공약과 관련하여 유권자가 지속적인 요구나 압력이 가능하여 정치인의 책임성을 강화시킨다.

이외에도 인터넷의 이러한 효과 응용은 선거운동과 관련하여 다양한 전략과 방법의 구사를 가능하게 한다(여론조사, 선거자금 모금, 선거게임 등).

선거에서의 인터넷 활용 실태

이제 각종 선거에서 합동연설회나 정당연설회 등 전통적인 선거운동 방식이 퇴조하고 있는 반면 인터넷 등 사이버 매체를 통한 선거운동 등이 새롭게 등장한 것은 바로 인터넷의 선거운동 효과를 응용한 결과라고 할 것이다.

2000년 16대 총선에 출마한 전체 후보자 수는 1천38명으로 이 중 52.8%인 548명 이상이 후보자 개인 인터넷 홈페이지를 열어 선거운동에 활용한 것으로 나타났다. 이들 홈페이지를 이용하여 후보자들은 자신을 알리거나 정보를 제공하며, 기존 정당연설회와는 다른 사이버정당연설회를 시도하기도 하였다.

필자가 당시 확인한 후보자들 홈페이지 상황과 당선 실태를 보면 당선자 대다수의 홈페이지 활용은 기본이었음을 알 수가 있다.

<표 5> 16대 총선 후보 홈페이지 개설 현황

후보별 정당별	지역구 후보 (A)	후보 홈페이지 (B)	당선자 (C)	홈페이지 보유 당선자 (D)	B/A(%)	D/C(%)
한나라당	225	165	112	92	73.3	82.1
민주당	225	166	96	84	73.8	87.5
자민련	170	73	12	10	42.9	83.3
민국당	124	43	1	1	34.5	100.0
한국신당	21	5	1	1	23.8	100.0
공화당	4	0	0	0		
민주노동당	21	19	0	0	90.4	
청년진보당	46	2	0	0	4.3	
무소속	202	75	5	5	37.1	100.0
<합계>	1,038	548	227	193	52.8	85.0

<표 5>에서 보는 것처럼 한나라당과 민주당 후보들의 경우 각각 73.3%, 73.8%의 개설 비율을 보였다. 자민련 후보들은 42.9%, 무소속 후보들은 37.1%의 개설 비율을 보였다.

홈페이지 보유 후보의 당선 비율은 한나라당 82.1%, 민주당 87.5%, 자민련 83.3%를 보였으며, 기타 정당과 무소속 후보의 경우 모든 당선자가 홈페이지를 보유하고 있었다.

이러한 비율로 보자면 한나라당과 민주당의 경우 당선자의 대다수가 홈페이지를 보유하고 있음을 알 수가 있다.

낙천-낙선운동에 위력적

낙선운동을 펼친 시민단체나 후보자의 병역·납세·전과를 공개한 중앙선관위의 인터넷 홈페이지가 중요한 역할을 수행했음은 두말할 나위가 없다.

그런가 하면 선거를 매개로 한 홈페이지들의 활성화도 두드러지는 추세를 보였다. 각종 선거 관련 홈페이지는 말할 것도 없고 게임 등을 통해 선거 양상을 보여주는 경우도 많았다. 각 정당이 앞다퉈 사이버 공간에 뛰어든 것도 선거에서의 인터넷 활성화를 부추기는 요인이 되고 있다.

인터넷이 우리 생활에 미치는 것만큼 정치 과정에서 영향을 미칠지는 아직 변수로 남아 있다. 인터넷은 시민의 정보 접근과 정치 참여를 활성화함으로써 직접 민주주의를 가능하게 할 수도 있지만 정보 과부하와 정보 격차의 심화, 익명성 등으로 말미암아 여전히 한계를 보이고 있다.

이 점에서 시민운동단체 등의 낙천-낙선운동 등과 연계하여 그 진가를 발휘했던 인터넷의 정보공개 효과에서부터 시작하여 후보자들의 인터넷 활용 실태 등에 대한 입지자들의 점검은 필수적이다.

총선연대가 공개한 후보자 정보들은 △부패 행위 △선거법 위반 행위 △민주헌정질서 파괴 및 반인권 전력 △의정활동의 성실성 △법안 및 정책에 대한 태도 △정치인의 기본 자질을 의심할 만한 반의회적 반유권자적 행위 △병역, 재산등록 등이었다.

경실련도 부패 전력, 사회적 물의, 지역감정 선동, 근거 없는 폭로, 잦은 당적변경 등을 기준으로 부적격자들의 명단을 발표하였다.

거기에 중앙선거관리위원회 홈페이지에서도 후보자들에 대해 최근 3년간의 재산세 및 소득세 납부실적, 전과기록, 본인 및 18세 이상의 아들과 손자·외손자에 대한 병역 사항 등 선거법 49조에 의해 선관위에 신고하도록 한 후보자의 관련 자료를 공개한 바 있다.

선관위는 애당초 재산, 납세실적, 병역사항은 각 지역 선관위 게시판에 공개하고 전과는 유권자가 원할 경우에 한해 관련 서류의 열람을 허용할 예정이었지만 유권자의 합리적인 선택을 돕기 위해 자료를 전면 공개하였던 것이다.

이러한 이유로 유권자 선택의 최대 기지는 인터넷이라는 말도 지나치지가 않을 것이다. 인터넷신문, 인터넷방송, 중앙선거관리위원회 등의 홈페이지들이 다양한 정보를 제공한 것은 말할 것도 없다.

후보자의 인터넷 활용 대책

16대 총선만 하더라도 일반 후보들은 선거용으로 홈페이지를 급조한 경우가 대부분이었다. 초등학생이 만들었다는 홈페이지, 아무런 정책도 없이 사진만 몇 장 올린 홈페이지, 전담 관리자가 없기에 새로운 자료 제공이 불가능한 홈페이지 등이 부지기수였다.

이 점에서 지방선거에서 활용코자 하는 홈페이지를 개설하고자 한다면 적어도 다음과 같은 사항에 유의할 필요가 있다.

① 후보자가 어떻게 인터넷 선거운동을 이용할 것인가
② 홈페이지가 선거운동 연설 내용을 담을 것인가
③ 홈페이지가 선거운동에 관련된 뉴스나 사진들을 갱신하고 있는가
④ 홈페이지가 상대 후보에 대해 부정적이거나 비판적인 정보를 제공하는가
⑤ 홈페이지에서 자원봉사를 요청하는가
⑥ 누가 홈페이지를 개설하였는가
⑦ 홈페이지가 계속해서 갱신되는가
⑧ 다른 홈페이지로의 연결을 가능하게 하는가
⑨ 홈페이지가 선거 관련 법규나 선거인 등록 정보를 제공하는가
⑩ 홈페이지가 각종 멀티미디어 기술을 포함하고 있는가
⑪ 홈페이지에서 여론조사나 여론수렴이 가능한가
⑫ 홈페이지에서 이용자에 대한 응답이 신속히 이뤄지는가

16대 총선까지만 하더라도 선거운동 과정에서 후보자 자신이 발언한 내용들을 빠짐없이 수록한 경우를 찾아보기가 힘들었다. 인터넷 선거운동은 인터넷을 통해 모든 것을 처리한다는 인식을 보이기보다는 다른 후보도 가지고 있으니까 나도 준비해야 하고, 언론의 관심을 끌어내는 데 더 비중을 두고 있는 것처럼 보여졌을 따름이다.

그럼에도 불구하고 16대 총선의 경우 선거모금을 가능하게

하는 방법을 소개하는 홈페이지가 등장하기 시작한 점이나 다양한 형태의 사이버 자원봉사자들을 모집하는 모습이 눈에 띠고 있는 점은 인터넷 이용에 대한 관심이 높아지고 있음을 의미한다.

한편 일부 후보는 사이버 후보 연설회의 개최, 사이버 대변인, 사이버 보좌관, 사이버 리포터 등을 모집하여 민심 동향을 살피는 도구로 활용하였음을 유의할 필요가 있다.

결코 놓쳐서는 안 될 인터넷

인터넷은 이미 16대 총선 시점에서 정보 공개와 유권자 역량 강화, 여론조사와 모의투표, 선거게임과 선거주식 시장 개설, 선거자금 모금, 선거 관리와 관련하여 다양하게 활용되는 추세에 접어들었다.

인터넷 여론조사의 경우 표본추출 등의 한계가 있기는 하였지만 인구통계학적 배경이 고려된 표본추출과 응답이 가능해지는 경우 인터넷 조사의 약점은 보완될 수가 있으며, 인터넷 투표를 시행하는 경우 선거비용과 시간의 대폭적인 절감은 물론 젊은 유권자들의 투표율을 획기적으로 높일 수 있을 것으로 보여지고 있다.

인터넷이라는 새로운 매체를 이용한 선거운동이나 사회참여는 지역사회 정치권뿐만 아니라 시민운동 관계자 모두의 역량을 강화할 수 있도록 하고 있다. 인터넷은 정치권, 특히 후보진영에게는 적은 비용으로도 유권자에게 손쉽게 다가갈 수 있으며, 여론의 동향을 실시간으로 파악할 수도 있게 한다. 그런가 하면 시민단체나 유권자들에게는 정보 공개의 효과를 향유할 수 있는 환경 조성을 가능하게 한다.

발언권이 없었던 일반 대중들의 발언 기회도 그만큼 많아지게 되면서 기존 매체에만 의존하는 현상도 급격히 줄어들 것으로 보여지고 있기는 하다.

그러나 인터넷의 활용 극대화는 오히려 이미 정치에 참여하고 있거나 개입되어 있는 계층의 역량만을 더욱 강화하고 있는 추세를 보이고 있다는 지적도 만만치가 않다. 아직까지 그러한 격차는 단순히 특정 사회에 국한된 것이 아니라 전 세계적인 현상으로 되어 있으며, 정치 영역에서의 정보 보유자와 비보유자의 격차가 여전히 심각한 상태다.

16대 총선에서도 인터넷을 통한 선거 정보 접근이 가능했던 계층과 소외 계층이 분명히 존재했었다는 것을 알 필요가 있다. 정상적인 표본추출이 이뤄지지 않은 상태에서 실시된 인터넷 여론조사 결과와 실제 선거결과가 상당 부분 차이가 났던 것도 이러한 정보 격차와 무관하지가 않다.

이러한 정보 격차에도 불구하고 선거에 나서는 후보들의 경우 인터넷 홈페이지 등의 새로운 매체를 활용할 수 있는 상태가 당선과 결코 무관하지만은 않았다는 것을 분명히 알아야 한다.

인터넷 확산은 후보자에 관련 정보가 모두 공개될 수밖에 없다는 것을 시대적인 조류로 하고 있다. 인터넷을 통한 정보 공개와 원활한 의사소통, 대규모 사이버 집단행동 등이 시민단체들의 선거 참여를 더욱 활성화시키는 요인이 되었다는 것이야말로 16대 총선의 가장 큰 특징 중의 하나였다.

정당이나 후보들의 경우 인터넷에서 온갖 견제와 감시를 당하게 되기도 하였지만 반대로 인터넷을 통해 지지를 확산시킬 수도 있는 가능성을 발견하게 된 것도 작금의 인터넷 시민운동 활성화에서 역설적으로 파악할 필요가 있다.

이 점에서 인터넷을 이용하여 선거를 준비하는 후보자나 정당의 경우에 인터넷 조직화와 자원봉사자 확보 전략에 특별히 관심을 가져봐야 할 것이다. 이를 위해 네티즌들의 흥미와 관심을 유발할 수 있는 의제 설정과 정치-선거게임 등의 준비는 필수적이다.

한편으로 과거 선거에서는 간과되었지만 네티즌의 많은 수가 10대였던 점을 감안하여 차세대 유권자인 어린이들을 위한 선거-정치교육 사이트의 개발에도 관심을 가져야 한다.

현재 정부가 계층과 지역 간 정보 격차를 해소하는 데 중점을 두는 대책을 추진해가고 있으며, 초등학교 1학년부터 컴퓨터 교육을 필수화하고 저소득층과 농어촌에 대한 정보화 투자를 본격화하고 있음을 지방자치 관계자들이라면 눈여겨보아야 한다.

전체 국민에게 정보화 마인드와 능력을 심어 주어 디지털 평등사회를 이뤄가는 경우 2002년 지방선거에서 인터넷 선거 양상은 더욱 변화될 것으로 보아야 한다.

현재와 같은 인터넷 정보 격차가 좁혀지고 네티즌이 50%를 넘어서는 시점에 돌입하고 있다는 점에서 과거 선거들에서 연습게임처럼 치러봤던 인터넷 선거는 2002년 지방선거에서부터는 과거의 선거 관행 변화를 더욱 부추길 것임이 분명하다.

이 점에서 지방선거 입지자들은 현행 선거법에서 허용하고 있는 컴퓨터통신 관련 조항의 숙지와 함께 이들을 유용하게 활용할 수 있는 대책을 지역 전문가들과 수립할 필요가 있다.

아울러 현실적으로 시간과 공간을 가리지 않고 4년 내내 인터넷 선거운동이 가능하게 된 상황을 도외시한 현행 선거법의 선거운동기간 제한 등에 대해 인터넷 시대에 걸맞게 개정해가는 노력도 펼쳐가야만 할 것이다.

인터넷 활용 팁: 후보자 정보 조회

일단 선거관리위원회에 후보자 등록을 하는 경우 선거관리위원회는 검찰을 통해 후보자의 전과를 조회하고 이를 공표하는데, 유권자에게 이렇게 공표된 전과 정보가 공직 수행에 바람직하지 않은 경우 후보자나 정당은 타격을 받을 수밖에 없다.

이 점에서 후보 예정자나 정당 관계자들도 후보자 관련 정보를 사전에 정확히 파악하기를 희망하는데 인터넷이 바로 그러한 고민을 덜어 줄 수가 있다.

예를 들어 후보 예정자나 그를 돕는 관계자가 당선시키고자 하는 인물, 혹은 낙선시키고자 하는 인물에 대해 인터넷에서 알아보기를 원한다고 치자. 다음과 같이 세 방향으로 접근하면 매우 간단하게 조회할 수가 있다.

첫째, www.kinds.or.kr(한국언론재단)에 접속하여 최근 10년간의 인터넷 신문을 활용, 후보 예정자 관련 기사를 조회한다. 인터넷 신문을 활용하여 후보 예정자 명단과 연루된 사건과 사건 명칭, 재판을 받은 기록이나 재판 명칭, 재판 일자를 확인한다.

둘째, www.scourt.go.kr(대법원)에 접속하여 「사법정보광장」을 클릭한 후 도움말을 이용하여 정보를 검색하면 된다. 후보 예정자 관련 정보가 그 어느 것도 제대로 확인되지 않은 상태면 적합한 키워드를 넣고 검색하면 된다.

그렇게 해서 여러 사건이 추출되는 경우 재판 일자에 맞춰 조회하면 찾고자 하는 사건에 대한 판결을 확인할 수가 있다. 날짜만을 입력하고도 검색이 가능하게 되어 있다.

일단 사건이 조회되면 사건번호 추출이 가능해지고 고등법원, 지방법원에서의 기록과 당시의 변호사, 형사 사건의 경우 피고 명칭까지도 한 눈에 조회할 수가 있게 된다(선거라는 키워드를 활용하는 경우 1962년 재판 기록까지도 검색이 가능하다).

셋째, 정보 검색 사이트를 활용하면 된다. 유명한 사건이라거나 정보로서의 가치가 큰 경우에는 아예 일반 정보 검색 사이트에서도 검색이 가능하게 되어 있다. www.google.co.kr(구글)이나 www.yahoo.co.kr(야후)에 접속하여 검색 창에 관심을 가지고 있는 후보 예정자의 명단과 알기를 원하는 키워드를 넣고 검색하면 된다.

예를 들어 비리가 있는 후보 예정자라고 한다면 후보 예정자 명단과 적당한 키워드를 넣고 검색하면 원하는 정보를 추출할 수가 있다.

검색 창에 「홍길동 위법」, 「홍길동 계약」, 「홍길동 입찰」, 「홍길동 전과」 식으로 입력하여 후보 예정자 자신이나 상대 후보 예정자의 위법 사실 혹은 전과 관련 정보 등이 검색된다고 치자. 선거에서는 당사자에게는 치명적인 약점이 될 것이라는 점은 불을 보듯 뻔하다.

더구나 지역별로 시민단체들이 나서서 「인터넷을 통한 후보자 정보 바르게 알기 대회」 등을 개최할 가능성이 높은 현실이다. 이 점에서 선거를 준비하는 관계자들이라고 한다면 후보자의 출마 결정에 앞서 후보자 관련 정보를 인터넷에서 충분히 검색해봐야 할 것이다.

4. 국내외 지방선거 동향과 특성

외국의 지방선거와 정당 배경

지방선거에 대한 정당 참여에 대해서는 여전히 논란이 많다. 그러나 그러한 논란도 따지고 보면 각 정파의 정치적 이해 관계를 배경으로 한 것이었다는 점에서 좀더 신중하게 대처할 필요가 있다. 외국에서는 이 문제를 어떻게 처리하고 있을까?

미국의 지방선거

먼저 미국의 경우를 보자. 의회-시장 체제를 채택하고 있는 미국의 지방정부는 인구 구성면에서 이질적 성격을 지니고 있는 대도시에서 많이 발견되며, 소선거구제 내지는 소선거구제 및 대선거구제 혼용 방식으로 정당참여의 선거를 허용하고 있다. 이에 비해 의회-시관리인 체제는 중소도시, 특히 동질적인 성격을 지니고 있는 지방정부에서 많이 발견되며, 대선거구제로 소수의 의원을 선출하고 있고 비정당제를 채택하는 경우가 많다.

의회-시장 체제를 취하고 있는 지역에서는 대도시와 상당수의 중소도시가 이에 해당하고 있으며, 의회의 규모도 비교적

큰 편이다. 예를 들어 시카고 시나 뉴욕 시 같은 경우 의원 수
는 50명선에 이르고 있다.

이와 비교하여 의회-시관리인 체제는 동질적인 인구 구성지
역으로 주로 25만 명 이하의 지역에서 많이 발견되고 있다.
이런 경우 의회의 의원 정수는 보통 5명에서 9명 수준으로 소
규모 형태를 보이고 있다. 이 경우 시장은 의회에 의해 윤번제
나 선거에서 최다 득표를 얻은 의원이 선출되는 경우가 많다.

20세기에 들어오면서 미국의 지방선거제도는 진보적인 개혁
성향을 지니게 되었는데 그 두드러진 특성은 다음과 같다.

첫째, 투표 용지에 후보의 소속 정당이 표시되지 않는 제도
로 정당 조직의 부패나 개입을 방지하고 지역의 주요 현안과
후보에 대한 관심을 높인다는 취지를 지니고 있다.

둘째, 민선 공직자 수의 축소를 지향하고 있다.

셋째, 정치 보스나 토호 세력의 영향력을 줄일 목적으로 대
선거구제를 도입하는 경향을 보이고 있다. 그러나 인구 변화
에 따라 대선거구제에서 다시 소선거구제나 그 혼용의 형태로
전환하는 경우도 적지 않은 편이다.

영국의 지방선거

영국은 지방정부에 따라 전체의회체제와 ⅓의회체제를 선택
하고 있기 때문에 지방선거도 이에 따라 달라지고 있다. 전체
의회체제의 경우 4년 임기로 되어 있는 지방의원 전원을 매 4
년마다 선출하는 것인데 대부분의 지방정부는 이를 채택하고
있다.

대도시권의 구 단위에서는 ⅓선거제도를 채택하고 있는데

이는 4년 임기인 의원들 가운데 정수의 ⅓을 주 선거가 없는 3년 동안에 걸쳐 선출하는 방법으로 되어 있다. 이는 매해 선거를 치름으로써 여론과 민심에 적절히 대응하는 것은 물론 의회 운영이나 정책의 일관성을 유지할 수 있다는 장점이 있다.

광역정부인 주의회 선거의 경우는 소선거구제에 다라 선거구마다 1명씩의 의원을 선출하게 되고, 기초단체인 구의회 선거에서는 1명 이상의 의원을 선출하는 구역에 따라 비교 다수대표제를 택하고 있다.

영국은 정당정치의 오랜 전통 속에서 지방선거에 대한 정당 참여를 허용하고 있어서 정당 소속이 선거 승리를 위한 필요조건이 되고 있을 정도이다. 이에 따라 정당 위주의 지방정부 운영, 유능한 무소속 후보자의 배제 가능성 등 문제점이 많게 지적되고 있기도 한 형편이다.

일본의 지방선거

일본의 지방정부는 기관대립형을 취하여 자치단체장과 지방의회의원 모두 임기 4년으로 주민에 의해 선출되고 있다.

일본의 지방선거에 대한 정당 참여에 대해서는 명문 규정이 없다. 그러나 기본적으로는 지방선거에 정당 참여가 가능하여 정당의 지원이 활발하게 이뤄지고 있다.

일본은 1947년 이후 전국적으로 4년마다 지방자치법과 공직선거법, 그리고 지방자치단체의 의회의원 및 장의 선거기일 등의 임시특례에 관한 법률에 의거 지방선거를 치르고 있다. 특례법에 의한 통일지방선거는 선거 홍수로 인한 국민생활의 불편을 최소화하고 선거사무를 일원화함으로써 선거의 원활한 관리와 집행을 도모할 수 있으며, 주민의 선거에 대한 관심을 제고시킴으로써 투표율을 향상시키고 선거관리 비용의 절감을 꾀하는 데에 그 목적이 있다.

의원 정수는 인구에 비례하게 되어 있으며, 선거구는 대선거구제, 중선거구제, 소선거구제를 혼용하고 있다. 단체장은 주민이 직접 선출하되 최다득표자가 당선될 수 있도록 하고 있다.

한국의 지방선거

외국의 지방선거에도 문제는 있다. 그것은 그들의 경우에도 지방선거를 둘러싼 제도 개혁이 빈번하게 이뤄지고 있는 데에서 볼 수가 있다. 어느 국가에서는 정당의 개입을 방지하는 노력을 기울였는가 하면, 어느 국가에서는 정당의 개입이 당연한 것으로 여기는 지방선거 풍토를 가지고 있지 않던가.

우리나라는 이러한 국가들의 사례를 토대로 제도화를 추구하고 있다. 우리의 경우 지방자치 실시는 지방선거의 의도가 어떠했는가에 따라 많이 좌우된 바 있다. 과연 한국의 지방자치는 어떻게 해서 시행되었던가.

그야말로 지역주민을 위한다는 지방자치였건만 중앙 정치권의 이해 관계에 의해 실시되었다가 폐지되고 다시 실시되는 과정을 밟으면서 오늘에 이르고 있다. 다시 말하면 정치적인 동원을 위해 편리한 경우에는 실시하고, 거북스럽다고 판단되는 경우에는 이를 폐지해버리는 수순을 밟은 것이다. 지방자치 선거도 바로 이러한 이해 관계에 의해 실시되지 않았던가.

1952년 4월에 실시된 제1차 지방선거는 한강 이북의 미수복 지구와 치안상태가 불안한 공비침투 지역을 제외한 전국의 시읍면에서 시읍면의회의원을 선출하였고, 동년 5월에는 서울시, 경기도, 강원도를 제외한 지역에서 도의회의원을 선출하였다. 사회적 불안, 안보 불안에도 불구하고 이승만정권의 정치적 이해 관계가 지방선거 실시를 가능케 하였던 것이다.

1956년의 제2차 지방선거에서는 시읍면장, 시읍면의회의원, 서울시 및 도의회의원이 선출되었다.

1960년에 실시된 제3차 지방선거에서는 서울시 및 도의회의원, 시읍면의회의원, 시읍면장 및 서울시장-도지사가 주민의 직접 선거로 선출되었다.

1961년 5.16쿠데타로 지방자치가 좌초되었다가 1991년 3월 기초의회의원 선거와 동년 6월 광역의회 의원 선거로 지방의회가 다시 구성되었다.

전면적인 지방자치는 단체장까지를 직접 선출한 1995년 6월 27일 이후로 보면 무리가 없을 것이다. 6.27지방선거는 기초 및 광역의원과 기초 및 광역단체장을 동시에 직접 선출하였다는 점에서 역사적인 의미를 지니고 있다고 할 것이다.

역대 지방선거 점검

정당의 입김이 센 지방선거

일반적으로 지방선거와 중앙정치는 서로 분리되어야 한다고들 말한다. 그러나 현실적으로는 그러하지 못하다. 혹자는 중앙정치에 대한 중간평가라고도 말하고, 지방에서조차 밀리면 안 된다는 식으로 정당간의 경쟁을 더욱 부추기는 것도 바로 이러한 현실을 반영하는 것이다.

특히 정당의 배경이나 영향을 보면 영국의 사례와 미국의 사례는 매우 판이한 편이다. 정당이 지방자치의 모든 것을 좌우하는 것처럼 보이는 영국의 지방자치가 잘못되고 있다고 평가를 내리기는 힘들다. 또한 일부 비정당제를 선호한다고 해서 미국의 지방자치가 무조건 좋은 것이라고 평가하기도 어렵다. 각각 국가의 사정과 전통, 문화에 따라 좌우되기에 더욱 그러하다.

우리의 지방자치는 중앙정치와 무관할 수가 없었다. 그러기에 지난 1990년대 수차례의 지방선거에서 기초의회의원 선거를 제외한 나머지 세 가지 선거, 즉 광역단체장, 기초단체장, 광역의원 선거에서 정당들이 각각 후보자를 공천하였던 것이다. 이는 공직선거법 및 정당법 등에서 공직선거 후보자를 추천할 수 있다고 명시한 것과 관계가 있다.

정당법은 공직선거 후보자의 추천에 대하여 각 정당이 민주적인 절차에 의하여 후보자를 추천할 수 있다고 선언적으로만 규정하고 있다. 이러한 규정에 의거하여 선거 참여 정당들이 나름대로의 당헌 및 당규를 통해 후보자들을 추천하고 있어 지방선거에서도 정당들의 후보자 공천에 무리가 따르고 있는 것이다.

정당공천, 후보경쟁, 정당득표 및 후보득표 등에 대한 분석에서 공통적으로 지적할 수 있는 지방선거의 특성은 지역주의라고 할 것이다. 선거에서의 지역주의는 지방선거에 정당이 참여함으로써 빚어진 결과라고 하지만 이는 이미 대통령선거를 둘러싼 지역대결의 여파로 빚어진 것이었음을 분명히 인식해야 한다. 이는 단순히 정당이 참여하여 지역주의가 빚어졌다고 분석하는 것이 바람직하지 않다는 것을 의미한다.

본격적인 TV 정치 실험

1995년 이후의 지방선거는 지방화시대를 열고, 통합선거법의 시험무대라는 의의는 물론 전례 없는 네 가지 동시선거로 선거물량 면에서도 엄청난 규모가 되고 있다.

하나 더 특징적인 것은 TV 정치가 1995년 지방선거 당시부터 본격화되었다는 점이다. 다시 말해 유세장 중심의 소모적인 선거운동을 TV 등이 대체하는 이른바 미디어 정치의 가능성을 높이게 되었던 것이다.

여기서 단연 압권이었던 것은 바로 TV 토론이었다. 서울시장 후보의 경우 전국적인 관심을 끌어 모으면서 엄청난 시청률을 기록하였다. 서울 이외의 지역에서도 동시 다발적인 TV 토론이 지역방송사 주관으로 수십 차례씩 열린 바 있다.

TV 유세는 돈봉투를 뿌려 군중을 동원, 세 과시를 하던 구태를 극복할 수 있었다는 점에서 환영을 받을 만했다. 그러나 TV를 통한 정책비교 자체가 거의 불가능한 데다 거짓말을 하는 경우라도 검증할 수 없는 치명적인 단점이 제기되었음에 유의할 필요가 있다.

인터넷, 컴퓨터통신 이용량-득표순위 일치

1995년 6.27지방선거의 선거운동과정에서는 컴퓨터통신이 후보자들의 새로운 홍보매체로 떠오르기도 하였다. 20~30대 젊은 유권자들이 많이 이용하는 컴퓨터통신을 통해 일부 후보자들은 자신의 경력과 공약을 상세히 소개하고 유권자들의 의견을 광범위하게 수렴해 선거운동에 반영할 수 있게 된 것이다.

컴퓨터통신을 통한 온라인 선거운동은 후보자들의 동정 등을 사진과 함께 수시로 알리고 밤 늦은 시간에도 선거운동이 가능하다는 장점을 갖고 있어 특히 광역단체장 후보들에게 인기가 높았다.

광역단체장 등 비중 있는 선거의 후보자별 득표 순위는 컴퓨터통신에 개설된 각 후보자 코너에 대한 이용 시간이나 조회 건수의 순위와 같은 것으로 나타나 이용자들이 많이 조회해 본 후보자일수록 득표율이 높게 나타나는 상관성을 보여주기도 했음에 유의할 필요가 있다. 이처럼 1995년 지방선거는 유권자의 동향을 파악하는 데 있어서나 선거운동을 해나가는 데 있어서 컴퓨터통신이 중요한 준거틀로 작용할 수 있다는 것을 보여주었다.

이후 1998년 이후에는 인터넷 보급이 본격화되기 시작했던 터라 후보자들의 홈페이지 등이 하나둘 나타나기 시작하여 작금에 이르러서는 인터넷 선거는 필수적인 문제로 등장하고 있다.

일련번호식 투표 행태

4대선거가 동시에 이루어진 탓에 "일련번호식 투표"라는 새로운 투표행태도 생겨났다. 1995년의 지방선거 직후 중앙일보사가 전국의 유권자들을 대상으로 조사한 결과에 의하면 광역단체장에 대해 1번을 선택하였을 경우 나머지 후보들의 경우에도 1번을 선택해버리는 이른바 1-1-1-1식 투표를 했다는 유권자가 16.3%, 2-2-2-2식 투표를 했다는 유권자는 19.6%, 3-3-3-3식 투표를 했다는 유권자는 9.8%, 전원 무소속후보를 찍었다는 유권자는 6.0%였다.

이로 볼 때 일련번호식 투표를 했다는 유권자가 51.7%나 되었다. 48.3%만 네 후보를 서로 달리 구분해(조합형) 찍었을 정도이다. 이를테면 광역단체장 이외에는 출마 후보자가 누구인지도 잘 모르는 상황에서 빚어진 동시 선거의 폐해였다.

특히 유권자들은 일단 지지후보를 결정하고 나면 잘 변하지 않는 것으로 조사됐다. 85.7%가 "처음에 결정한 후보를 찍었다"고 하고, 14.3%만이 "선거기간 중 지지하는 후보자가 바뀌었다"는 것이다. 이는 후보자로 되려는 경우 평소에 이미지 관리를 잘해야 하고, 입후보 초기에는 더욱 유의해야 한다는 것을 보여주고 있다.

정치인 배경이 여전히 높다

1995년 광역, 기초단체장과 광역의원 당선자 중에는 정당에 소속되거나 아니면 각종 형태로 정치권에 관여하고 있는 정치인이 가장 많았는데 각각 73.3%, 32.6%, 23.2%를 나타냈다. 이는 1991년 6월에 실시된 광역의회선거의 당선자 중에 정치인이 7.7%에 머물렀던 것보다 훨씬 높은 비율이었다.

이들은 현직 광역, 기초의원과 지구당부위원장, 정당연락소장, 정당원이란 직책을 직업으로 가지고 있는 이들이다. 이른바 정치권에서 "정당인"이라고 부르는 경우이다. 전체적으로 이러한 "정치인 밀집"은 정당의 공천과 관련이 있는 것으로 분석된다. 실제로 상당수의 지역에서 지구당부위원장, 자문위원과 같은 정당활동을 한 사람이 공천을 받고 당선이 되었다.

1995년 지방선거에서는 각 선거마다 다수의 후보가 출마해 후보자들에 대한 식별이 쉽지가 않았다. 그러기에 많은 지역에서 유권자들은 일단 정당을 선택의 기준으로 삼을 수밖에 없었다. 이런 현상은 앞으로 있을 선거에서도 적용될 것으로 보인다. 따라서 현재와 같은 선거 풍토에서는 정당인으로 분류되는 사람들이 여전히 정당의 공천판에 몰리리라는 것은 자명한 일이다.

1998년 지방선거에서는 국민회의와 한나라당이 광역단체장을 나란히 6명을 당선시켰으며, 자민련도 4명을 당선시켰다.

1998년 기초단체장 선거의 경우 전국 232개 기초단체 가운데 서울, 경기, 인천 등 수도권과 텃밭인 호남-충청권에서 국민회의와 자민련이 압승을 거둬 모두 113지역(국민회의 84, 자민련 29)에서 당선자를 냈다.

한나라당은 부산, 대구, 울산, 경북, 경남 등 영남권과 강원에서 압승을 거뒀지만 수도권에서 약세를 보여 74지역에서 당선자를 내는 데 그쳤다. 이 밖에 국민신당은 1지역, 무소속은 44지역에서 당선자를 배출하였다.

이는 총 230명의 기초단체장을 선출했던 지난 95년 6.27지방선거 당시 민주당 84지역, 민자당 70지역, 자민련 23지역, 무소속 53지역을 차지한 정당별 분포와 유사하다.

1998년 총 6백16명(비례대표 74명 제외)을 선출한 광역의원 선거에서는 국민회의 271명, 자민련 82명, 한나라당 224명, 무소속 39명이 각각 당선된 것으로 나타났다.

광역의원 선거에서 국민회의와 자민련이 지배적인 여서, 한나라당이 지배적인 야동, 즉「여서야동」구도가 더욱 고착된 모습을 보였다.

특정 정당이 본거지에서 광역의회를 100% 장악한 곳이 세 곳이나 나왔다. 26명의 의원을 뽑는 대구는 모두 한나라당, 14명을 뽑는 광주는 모두 국민회의, 14명을 선출하는 대전은 모두 자민련 일색으로 의회가 구성되게 됐다.

이러한 배경으로 볼 때 우리의 지방선거에서 지방자치 지도자로 성장해가는 과정에서 자신의 직업이나 성별, 학력, 연령에 관계없이 정당과의 관계를 결코 소홀히 할 수가 없다는 것을 알게 될 것이다.

그러나 한편으로 2001년에 들어와 실시된 일부 지역 자치단체장 재보궐선거에서는 지역정당의 역할에 대한 의구심 때문인지 무소속 후보들이 당선되는 사례가 많아져 2002년 지방선거에서 정당의 영향력이 어떻게 변할지에 관심을 불러일으키고 있다.

생업 종사 비율 높은 기초의원

1995년 지방선거를 두고 보자면 기초단체장, 광역의원과는 달리 기초의원의 경우에는 명시적인 정당공천이 없었다. 실제로 민자당이나 민주당은 내부공천을 했지만 기초의원의 경우 정치인으로 분류되는 경우가 6.1%로 적었고, 대신 농업 (23.2%), 상업(19.9%)이 압도적인 것으로 나타나고 있다. 다시 말해 각기 지역의 대표적인 생업에 종사하는 이들이 대거 출마해 당선된 것이다.

1995년도의 이런 분포는 기초의원의 경우 주민생활과 가장 밀접하다는 점을 보여주고 있다. 상업과 농업은 광역의원 중에서도 각각 14.5%, 13.1%로 2위와 3위를 차지했다. 농업과 상업은 91년 6월 선거당선자의 12.5%, 17.4%를 기록하면서 가장 주된 직업으로 나타났었다.

당선자의 직업 중 또 두드러진 것은 건설업이다. 기초단체장, 광역의원, 기초의원을 합쳐 4백15명으로 7.3%였다. 건설업은 91년 광역의회선거에서도 12.4%를 차지했다.

기초단체장 2백30명 중에는 정치인, 농업, 상업이 주종이었고 이 밖에 공무원, 변호사, 약사와 의사, 건설업, 공업, 수산업, 회사원, 교육자 등의 순으로 나타났다.

광역의원 8백75명은 3개 주종 다음으로 건설업, 약사와 의사, 회사원, 공업, 운수업, 수산업 순인 것으로 집계됐다.

기초의원 4천5백35명은 농업 및 상업 외에 건설업, 정치인, 회사원, 공업, 약사와 의사, 수산업, 운수업 등이었다.

비례대표제, 여성 당선 비율 높여

여성의 경우 1995년 선거에서는 광역의회 의원으로 비례대표 42명을 포함해 55명으로, 광역의회 의원 당선자 9백70명의 5.67%를 차지했다. 비례대표제를 도입하지 않았던 1991년에는 광역의원 8백58명 중 8명(0.9%)만이 여성이었던 데 비한다면 비례대표제가 여성의 정치 참여를 늘리는 데 큰 요인이 됐다.

1995년 정당 공천을 받아 선거에 나섰던 40명의 광역의원 여성후보 중 13명이 당선돼 32.5%의 당선율을 보였는데, 이는 91년 63명이 나서 8명(12.7%)이 당선된 데 비하면 2배가 훨씬 넘는 당선 비율이다.

기초의회 의원 여성 당선자는 72명으로 정수 4천5백41명의 1.58%를 차지해 91년 기초의원 4천3백3명 정수에 40명 (0.92%)이 당선된 데 비하면 높아진 수준이다.

한편 1995년 단체장 선거에서는 광역·기초를 통틀어 경기도 광명시에서만 시장으로 당선되어 단체장의 문은 역시 여성에게는 아직도 두텁다는 사실을 보여줬다.

1998년 지방선거에서 여성 후보 당선자는 70명에 불과했다. 그것도 단체장에 당선된 경우는 하나도 없었고, 광역의원 14명, 기초의원 56명에 머문 수준이었다. 이는 1995년 지난 6.27 선거에서 기초단체장 1명, 광역의원 13명, 기초의원 81명에 비교해볼 때 부진한 기록을 보이고 있다.

특히 각 당의 여성배려 공약에도 불구하고 자치단체장 당선자가 전무하고, 지방의원 수조차 적은 것은 현실적으로 지방자치 지도자로의 여성 진출이 그만큼 어렵다는 것을 보여주고 있다.

앞에서 보는 바와 같이 지방선거를 둘러싼 정당 참여의 문제는 우리나라에만 국한된 문제는 아니다. 역대 선거를 통해서 볼 때 정치권의 속사정에 따라 지방자치는 영향을 받을 수

밖에 없다. 그럼에도 불구하고 정당의 관여가 지방선거를 왜
곡시키는 방향으로 흐르지 않도록 노력하는 제도화와 문화의
정착이 시급하다고 할 것이다.

아울러 역대 지방선거를 교훈 삼아 TV 정치나 인터넷 활
용, 그리고 지방선거에 대한 여성 진출 확대에 더 많은 신경을
써야 할 것으로 보여지고 있다.

5. 지방선거 준비, 이렇게 다진다

후보자들은 여전히 많다는 전제

2002년에 치러질 지방선거 역시 역대 지방선거처럼 매우 혼란스럽기 짝이 없을 것이다. 여야 협상이 어떻게 귀결될 것인지에 따라 선거 기간 혹은 선거 이후 월드컵대회를 치르는 마당인지라 전국이 들썩거릴 것은 뻔한 일이다. 거기에 2002년 대통령선거가 12월로 예정되어 있는 마당이라 정당간의 대결은 더욱 첨예화될 전망이다.

한편으로 광역단체장, 광역의원, 기초단체장, 기초의원에 대한 분리 선거가 이뤄지지 않고 동시에 선출되도록 되어 있기 때문에 한 사람의 유권자가 접하게 될 후보는 여전히 10~20명 수준에 이를 전망이다.

1995년, 1998년의 지방선거가 남긴 가장 큰 문제 중의 하나는 4대 동시선거에 따른 혼란이었다. 후보등록 시점에서 발생한 선관위 전산망의 허점에서부터 거의 구분이 안 되는 4대 선거의 플래카드 범람, 4개 선거를 동시에 실시하면서 1개 선거만 정당공천을 배제한 데 따른 정당과 기호의 불일치와 그에 따른 유권자의 혼란, 홍보물의 홍수 속에서 선관위가 일부 후보의 홍보물을 빠뜨리는 착오, 일부 정당후보를 무소속후보로 기재한 투표용지 인쇄의 잘못 발견 등등 웃지 못할 촌극이 하나둘이 아니었다.

특히 대도시 지역에서는 시-도지사, 즉 광역단체장 선거만 유권자들의 관심을 모으고 기초단체장이나 광역의원, 기초의원은 아예 관심 밖으로 밀려나는 현상이 나타나, 선거 자체의 의미를 다시 생각하게 만들었던 것이다. 선거운동 기간 중에 서울시민을 상대로 한 여론조사에서 80%가 기초의원 후보의 이름을 한 명도 모르는 것으로 나타난 것이 그 단적인 예였다.

그러기에 역대 선거에서 후보자들은 여전히 정당에 매달리는 정책을 펼 수밖에 없었고, 그렇지 못한 경우에는 어떻게 해서든 차별화된 이미지를 창출하려고 시도하였던 것이다.

사실 따지고 보면 지방선거에서 유권자가 기억하기 쉬운 후보자는 많지 않았다. 텔레비전 토론에 나갈 수 있었던 광역단체장 후보나 라디오의 일정 시간대 혹은 신문의 일정 지면을 할애받을 수 있었던 후보들이 아니고서는 사실 유권자에게 쉽게 다가갈 수가 없었던 것이다.

수많은 플래카드, 각종 벽보, 전화홍보, 전화여론조사, 여기저기서 전개된 유세들이 얼마나 효과가 있었을까. 유권자들로서는 이러한 선거축제에 모두 참여할 수 없었다는 점부터 밝힐 수밖에 없을 것이다.

자신을 알렸던 비결

한꺼번에 많은 후보자를 보고 선택해야 하는 상황에서 유권자에게 후보자를 분명히 인식시키는 비결들을 어떻게 구사했을까? 그러한 배경은 다음과 같이 설명할 수가 있다.

첫째, 후보자가 정당과 어떠한 관계를 지니고 있는가에 따라서였다.

이미 앞에서 설명한 것처럼 광역단체장이나 광역의원, 그리고 기초단체장의 경우는 거의 철저히 정당과의 관계가 절대적이었다. 물론 무소속 당선자가 없는 것은 아니었지만 사실상 유권자들은 지방자치임에도 불구하고 정당 배경을 중시하였다는 것을 첫 번째로 꼽아야 할 것이다.

둘째, 후보자가 지역에 얼마나 많이 알려진 인물이었던가의 문제다.

어느 선거에서나 지명도가 득표에 큰 영향을 주어왔던 것은 사실이지만, 이름이 널리 알려졌다고 해서 그것이 반드시 득표로 이어진 것은 아니다. 그럼에도 불구하고 수많은 후보가 나오게 되는 동시 선거에서는 기왕의 모든 조건이 비슷하다고 한다면 사전에 인지도가 높았던 사람이 유리할 수밖에 없는 것이다.

셋째, 자치단체장이나 지방의원이 되기를 희망하는 인사들은 분명히 지역사정에 관한 전문가 수준에 이르렀다는 점이다.

최근에 대통령후보 초청 각종 토론회에서 보는 것처럼 후보들은 국정 현안에 대한 충분한 이해와 대책을 질문 받으면서 전문가 못지않은 토론을 전개하고 있다. 바로 이러한 분위기

는 지역문제를 해결해가는 충분한 경륜과 현황 파악이 필수적
인 요소가 될 것임을 예고하고 있다.

출사표는 분명하게

　2002년 지방선거에 나서고자 하는 인사들은 적어도 다음과
같은 사항을 분명히 할 필요가 있다.
　첫째, 선택을 분명히 해야 한다.
　이것은 자치단체장에 출마하는 것인지 아니면 지방의원에
출마하는 것인지를 분명히 해야 한다는 것과 맥을 같이한다.
정당의 입장에 서면 이러한 구분이 무의미해질 수도 있다. 그
것은 전체적으로 정당 차원의 지원과 엇물려 있기 때문이다.
그럼에도 불구하고 정당의 지원을 받는 당사자는 그가 어떠한
후보가 되는가를 분명히 인식해야 하는 것이다.
　이러한 분명한 선택이야말로 후보자가 상대하는 유권자 대
상을 분명히 할 수 있게 되는 첩경이 되는 것이다. 분명한 유
권자를 대상으로 자신이 전달할 내용을 축약하고 이들을 대상
으로 선거전략을 수립해야 하는 것이다.
　둘째, 쟁점을 선점해야 한다.
　지역마다 고유의 특성이 있고, 선거의 쟁점이 될 만한 사안
을 보유할 수가 있는 것이다. 이러한 쟁점의 어떠한 입장을 취
하느냐에 따라 그 일을 추진하는 당사자가 누구였다는 것을
밝힐 수 있는 위치에 서게 된다는 점이다. 이를테면 수몰 예정
지나 쓰레기 매립장 지역 주민의 입장에 서서 그들의 이익을

대변해왔다고 한다면 그 지역 주민에 대한 보상과 지원을 최대한 확대해가는 입장에서 지역의 쟁점을 주도해가야 하는 것이다.

만약에 쟁점을 선점당하는 경우 이를 보완하는 다른 쟁점이나 의제의 개발 혹은 무시의 전략을 고수하는 등의 대안 모색이 필수적이다.

셋째, 자신의 인지도를 높여 놓아야 한다는 점이다.

일반적으로 사람들은 그가 사전에 알고 있었던 사람에 대해 호감을 가지는 경향이 강하다. 이름이라도 들어 본 경험이 있고, 그 사람의 이름을 기억하고 있다는 것만으로도 그렇지 못한 사람의 경우보다 나은 것이다. 이를테면 후보 예정자로 거론되는 사람이 어느 정도 지역사회에 지명도가 높은 것과 그렇지 못한 경우는 그 차이가 크다고 할 것이다.

인지도가 높다는 것은 그만큼 선거운동을 하기가 수월하다는 것을 의미한다. 바로 이 점에서 후보자가 되기를 원하는 사람은 자신을 지역주민들의 50% 이상에게 알리는 전략을 고수할 필요가 있다. 인지도 점검은 선거 수개월 전부터 지역주민들을 대상으로 하는 여론조사 등을 통해서 점검해봐야 한다.

넷째, 자신의 상대가 누구인가를 분명히 해야 한다.

2002년 지방선거의 후보자가 될 자신이 이미 지방의원이거나 자치단체장이라고 한다면 도전자들이 바로 자신의 상대가 된다고 할 것이다. 반대로 도전하는 입장에 서 있는 경우라면 현직의원이거나 자치단체장이 자신의 상대가 될 수밖에 없을 것이다.

다시 한번 분석하고 다져야

이렇듯 예비 점검 상태에서도 이미 치열한 경쟁은 불가피하게 되어 있다. 쟁점에 대한 선점에서, 각 정당의 활동 부문에서나 인간관계 속에서의 경쟁은 치열할 수밖에 없는 것이다. 이러한 경쟁도 곧 선거를 향한 준비활동이 되는 것이다.

이러한 예비 점검에서 더욱 중요한 것은 후보자 자신에 대한 사전 점검이다. 선거라고 하는 것은 상대적인 것이기 때문에 후보자가 되기를 원하는 사람의 능력 유무도 중요하지만 다른 사람과의 관계에서 상대적으로 어떠한 위치에 놓여 있는가가 중요한 것이다.

후보자 개인 재점검

이와 관련하여 참고가 될 만한 사항은 이루 말할 수 없이 많다. 일반적으로 선거를 치르면서 후보자들이 주의했던 사항들은 다음과 같은 변수들이었다.

학연관계, 혈연 및 지연관계, 인맥 관리, 전·현직 단체장 및 의원, 정당과의 관계, 예의 범절, 자신감, 선거운동 경험, 애경사 참석 수준, 남·여성 인기, 외모, 여론 및 정보에 대한 접근 능력과 언론관계, 출마 지역 숙원 사업에 대한 관여 수준, 사회 봉사 경험과 실태, 가족 상황, 지역 현안에 대한 파악 능력(지명, 인명, 현안 스크랩 습관), 자신의 평소 활동 실태에 대한 각종 기록 상황(사진, 비디오, 녹음), 역대 선거 상황 점검 및 유권자 성향 파악 수준, 선거를 도와줄 수 있는 측근 및 인맥(공약개발, 조사, 분석), 종교 및 정치철학, 최소한의 선거자금 동원 능력, 컴퓨터 및 인터넷 이용 능력, 선거운동에 대한 교육을 받은 경력 등을 다시 한번 점검해본다.

이러한 변수들에 대한 자기 점검은 필수적이다. 변수에 따라서는 자신에게 유리한 것도 있고 불리한 것도 있을 것이다. 이러한 변수에 대한 개인적인 점검을 통해 후보자가 되려는 사람들은 오래 전부터 자신을 보완하고 선거준비를 하는 것이 필요하다.

지역실태 재점검

이를 토대로 역대 후보들이 기본적으로 선거준비를 위해 필요로 했던 것은 바로 지역 실태를 점검하는 일이라고 지적한 바 있다.

우선 자신이나 자신이 지원해 줄 후보자와 관련된 지역에 대한 실태조사와 쟁점화 상황을 점검하는 것이 일차적이다. 과거에 선거를 치렀던 후보자들은 대체로 실태 조사를 다음과 같은 방식으로 준비해왔음을 밝힌다.

실태 조사는 곧 지역주민들에 대한 공약을 개발하는 기본 자료 수집과도 연관되어 있다. 지리를 익히고 지역단체 사정을 파악하는 것은 물론 지역의 각종 통계에 익숙해져야 하는 것이 바로 실태 조사의 기본 과정이 되는 것이다. 선거를 치러봤던 후보자들은 예외 없이 다음과 같은 준비를 소홀히 하지 않았다.

첫째, 지역에 대한 상세한 지도를 확보하거나 준비해왔다는 사실이다.

역대 선거에서 후보자들이 사용한 지도는 행정지도나 개발

지도 정도면 충분했었다. 지도는 선거준비 과정이나 실제 선거 상황에서 상황을 파악하고 정리하는 데 매우 요긴한 자료이다. 실제로 상세한 지도는 선거전략 수립은 물론이고 선거상황판으로서의 가치가 충분하다고 할 것이다.

둘째, 지역에 관한 한 지리, 역사를 충분히 알고 있었다는 점이다.

일례로 후보자가 특정 부락을 찾아 주민들조차도 잘 몰랐던 조상에 대한 일까지도 환하게 꿰뚫어 접촉을 해오는 경우 그에 대한 평가가 달라지더라는 지적은 결코 소홀히 할 사항이 아니다.

셋째, 지역의 인적 구성과 각종 조직에 대한 기본 현황표를 작성하였다는 점이다.

인적 구성에 대한 것으로는 기본적으로 시군구, 읍면동, 투표구별, 통별로 구분하여 각종 통계를 조사하고 필요한 경우에는 보통 수십 개에 달하는 각종 조직의 구성 및 신상명세도 확보하였다는 점을 주의할 필요가 있다.

넷째, 역대 선거관련 자료를 종합하고 정리하는 것은 필수적이었다.

지역의 역대 선거결과 자료를 수집하는 경우 지역의 투표행태 추이를 점검할 수가 있다. 정당 위주의 투표인지, 아니면 인물 위주의 투표였는지를 파악해둬야 하는 것이다. 거기에 과거 선거 시점에서 유권자에 대한 여론조사 자료가 존재했었다면 이러한 자료까지도 확보해두는 것도 필요하다고 할 것이다. 아울러 각종 정치조직이나 출마 예상자들의 인적 구성 및 현황을 파악하는 것이 필수적이다.

다섯째, 지역 현안과 민원, 경제, 교통, 문화, 교육환경에 대해 조사해야 한다.

이러한 조사는 역대 선거의 홍보물이나 행정자료, 의회속기록 등을 통해 파악할 수가 있다. 특히 이러한 환경 조사는 자기 지역의 것은 물론이고 다른 지역의 자료까지 확보하여 비교 조사하는 노력이 필요하다.

기초자료 확보 재점검

지역 실태와 관련된 지역 정세란 특정 범위에 한정된 지역의 정치, 경제, 문화를 포괄하는 광범한 사회 현실의 동향을 의미한다. 이러한 지역 정세를 구성하는 가장 주요한 요인은 그 지역에 거주하는 사람들과 그 사람들이 일하고, 먹고, 생활하는 여러 가지 환경이다.

실태 조사를 위해 필요한 기초자료는 우선적으로 각 분야와 관련된 기초통계집을 확보하는 일이다. 이러한 기초자료에 포함될 것은 다음과 같은 것들이다. ① 인구 및 지역 기초 실태, ② 생산부문: 〈총사업체 실태조사보고서〉〈도시연감〉〈지역통계〉 등, ③ 소비생활부문: 〈도시가계연보〉

그런데 이러한 기초자료만으로는 한계가 있다는 것을 감안해야 한다. 이는 대체적인 지역의 인구 구성과 생활 조건을 살피는 데 불과하기 때문이다. 이것은 곧 이 자료가 지역 현안 발굴을 위한 질적인 의미를 갖는 것은 아니라는 것을 의미한다. 일차적인 지역 정세 분석은 추후에 보다 보강된 정보와 특정한 의도(공약개발 및 정책 지향)와 목적을 지닌 본격적인 정세분석 활동을 통하여 가공된 정세 정보로 만들어질 때만

의미가 있는 것이다.

바로 이러한 기초자료를 보완하여 지역정세를 파악하는 자료를 수집하기 위해서는 통계 및 조사 관련 자료에 관심을 가져야 한다. 그러한 자료로는 다음과 같은 것을 지적할 수가 있다. ① 정부통계, ② 지역거주민 직업 및 계층, ③ 신문자료, ④ 지역주민 생활조건, ⑤ 지역조사자료, ⑥ 지역 교통문제, ⑦ 지역 행정관청자료, ⑧ 지역신문.

그런가 하면 지역의 생활 및 사회문제에 대한 파악이 중요하며, 동시에 지역의 인맥 관계를 소상히 파악해야 한다. 이러한 파악을 위해서는 다음과 같은 자료에 대한 접근이 필요하다. ① 지역단체의 활동과 실태, ② 범죄 발생, ③ 환경 및 공해, ④ 지역유지 현황, ⑤ 지역여론 형성 방식, ⑥ 주택 및 개발 실태, ⑦ 교통, ⑧ 문화 및 스포츠 등.

마지막으로, 선거관련 자료에 대한 접근이다. 이러한 자료로는 다음과 같은 것이면 바람직하다. ① 역대 선거투표율과 득표율, ② 역대 선거의 추세, ③ 역대 선거에 관련된 각종 여론조사 자료, ④ 예상 후보자 및 선거지원 예상 인력에 대한 자료.

쟁점화는 전문가의 도움으로

지역 실태 점검과 함께 지역 현안에 대한 분석과 쟁점화 전략을 살펴보자.

일반적으로 현안 분석은 지역 주민의 인구학적 구성을 토대로 한 조사를 기초로 한다. 이러한 조사는 일정한 시간 간격을 갖고 중·장기적으로 지속된 것을 토대로 하거나 직접 자신이 이러한 실태를 점검하는 노력이 필요하다.

지역 실태에 대한 기초자료가 준비되어 있지 않은 상태에서 처음 행하는 지역 실태 조사는 여러 가지 목적을 포괄할 필요가 있는데 과거 선거를 치렀던 인사들이 지적하는 가장 중요한 것을 두 가지만 말하면 다음과 같다.

그 첫째는 지역 쟁점을 분명히 파악하자는 것이고, 둘째는 후보자의 인지도를 높이는 전략으로 활용하자는 데에 있다. 조사라고 하는 것은 실태를 파악하는 데도 요긴하게 활용되지만 그 조사를 실시하는 주체의 신뢰도에 따라서는 일종의 홍보 효과도 기대할 수가 있기 때문이다.

실제로 평상시 각급 정치인들이 자신의 지역구 관리의 일환으로 소규모나마 정기적인 여론조사를 실시하는 것은 지역 주민들과의 접촉 기회를 계속 가지자는 의도를 담고 있음을 분명히 알아야 한다.

지역쟁점을 파악하기 위한 여론조사는 대체로 다음과 같은 단계를 거치게 되어 있다. 설사 후보자나 후보자가 되기를 원하는 사람들이 이러한 단계까지 알 필요가 없다 할지라도 왜 조사와 쟁점화가 중요한가를 알기 위해서는 다음과 같은 과정에 대한 이해 정도는 필수적이었다.

1단계로 1차 여론조사에 대한 설계, 표본조사, 여론청취, 현안의 정확성 여부 판별을 실시한다. 2단계로 현안의 유동성을 파악하여 현안에 대한 대응 방안을 점검하고 2차 여론조사를 실시한다. 3단계로 1~2차에 걸친 여론조사에 입각하여 선거

쟁점화가 가능한 사안을 중심으로 선거운동 방향을 설정하고
이의 실행에 필요한 조건을 마련하여 시행하는 것이다.

　이러한 모든 것을 후보자가 할 필요는 없었다. 그것은 정당
이나 전문가의 도움이면 충분했기 때문이다. 그럼에도 불구하
고 이에 대한 인식과 점검은 후보자 자신의 몫이다. 그것도 선
거운동 기간이 아닌 현 시점에서 이미 이뤄져야 하는 일인 것
이다. 지역구나 유권자 관리에는 따로 기간이 정해져 있지 않
다는 것이 선거를 치렀던 경험자들의 조언이라는 것을 잊어서
는 안 될 것이다.

6. 변화된 지방선거 지형과 제도

　한국정치 역사상 초유의 여야 정권교체를 기록한 이후의 1998년 지방선거에서도 여전히 지역주의 투표 행태는 지속되었다. 과거의 내무부가 지방자치 규제가 아닌 지원기관인 행정자치부로 개편하는 등 지방자치를 강화하는 정책이 최근 수년 동안 가속화되었다.

　그렇다고 지방자치가 완전히 꽃을 피웠다고 말하기는 어렵다. 중앙정부의 간섭이 여전히 심하고, 정당들의 공천권 행사를 토대로 한 개입 가능성은 여전히 줄어들지 않았기 때문이다. 1998년까지만 하더라도 정당끼리 교차 연합공천 혹은 정책적인 공천 양보의 가능성이 적지 않았지만 2002년 선거에서는 그러한 전망이 높지 않은 것이 현실이다.

　정치관계법 개정으로 선거운동 등이 안방 텔레비전으로 흡수되고는 있다고 하지만 여전히 돈은 많이 드는 것이 현실이다. 그래도 여야 정치권의 정치관계법 협상에 따라서는 지방선거의 지형이 일부 변화될 소지가 있는 것은 분명하다.

변화된 지방선거 지형

여야 정권교체를 주목하라

1997년 지방선거의 전초전이라 할 수 있는 대통령선거를 앞두고 단체장, 시도의원들이 대거 당적을 옮기는 등 정치적 입지를 강화하기 위한 줄서기에 관심을 기울인 적이 있었다. 1997년 12월에 이러한 이동이 너무 많아 급기야는 '배반의 계절'이라고 혹평할 정도였다. 대통령선거가 지방정가의 지형을 재편성할 것이라고 예상했기에 어쩌면 지방정치인들의 발빠른 처신은 그들로서는 당연한 일이었는지도 모른다. 아쉽게도 그러한 처신은 별로 성공적이지 못했다는 것이 중론이었지만 지역대결 양상으로 인한 반사 이익은 여전한 편이다.

2002년의 지방선거가 여전히 2002년 대통령선거의 전초전이 되고 있다는 점에서 여야의 정당 대결이 어떻게 기록될지는 매우 궁금한 일이다.

한때 무소속 단체장들이 그들이 무소속으로 나와 당선된 것에 대해 무소속이어야만 정당으로부터 간섭을 받지 않고 소신행정을 펼 수 있다는 무소속 예찬론을 폈지만 여당행 혹은 야당행을 통해 그들의 차기 선거를 담보 받으려 하는 경향이 적지 않았다. 그러나 1998년의 선거에서는 정당의 입김에도 불구하고 무소속으로도 자치단체장에 당선되는 경우가 많아져 그 지형이 어떻게 전개될지는 두고 볼 일이다.

정당들의 지방선거 인식

정당 강화의 지름길, 지방선거

이러한 상황에서 각 정당들은 어떠한 입장을 취하고 있을까? 단체장 선거에서의 승리 여하는 각 정당의 물적 토대 강화에 엄청난 영향을 미치게 되어 있다. 바로 1997년의 국민회의-자민련의 대통령선거 승리도 일정 부분 특정 지역의 단체장과 의회를 장악한 데 힘입은 바 크다는 것은 부인키 어렵다.

변화된 지방선거 제도

공직선거및선거부정방지법은 고비용 정치구조를 개혁하고, 선거공영제를 확대하며, 선거운동에 있어서 공정성을 제고하고, 그동안 운영과정에서 제기된 기타 제도적 미비점을 보완하여 새로운 선거풍토를 조성함으로써 우리 정치문화의 선진화를 이룩하려는 의도를 가지고 있었다. 이에 따라 제도적으로 보강된 내용은 다음과 같았다.

고비용 정치구조 개혁

① 선거운동을 위한 사조직을 새로 설치하거나 다른 목적으로 설치된 사조직을 이용한 선거운동의 금지를 명문화하였다. 이를테면 연구소, 동우회, 향우회, 산악회, 조기축구회, 정당의 외곽단체 등 그 명칭이나 표방 목적 여하를 불문하고 후보자를 위한 사조직 기타 단체의 설립과 설치, 이용에 제한이 따르

게 된 것이다.

② 아울러 돈 안 드는 선거, 평소 지역구 관리에 따른 경제적 부담을 경감시키고자 입후보 예정자와 그 배우자의 축의·부의 금품 등의 상시 제한 규정을 신설하였다. 이에 따라 관혼상제 등 경조사에 제공하는 축의·부의 금품 제공을 일정 금액 이하로 상시 제한하되 특별한 사유나 관계가 있는 경우에만 예외를 허용하였다.

③ 자필서신 폐지 및 자동송신장치가 설치된 전화를 이용한 선거운동을 금지시켰다. 즉, 누구든지 선거기간 중 선거권자에게 서신·전보·모사전송 기타 전기통신의 방법을 이용하여 선거운동을 할 수 없도록 한 것이다.

④ 정당의 정강, 정책 신문광고 횟수의 축소를 명문화하였다.

⑤ 그런가 하면 소형인쇄물의 종류, 정당의 정강, 정책홍보물의 종류, 공개장소에서의 연설-대담용 확성장치 부착 자동차 및 휴대용 확성기의 규모 등을 축소시켰으며, 명목 여하를 불문하고 선거운동 자원봉사자에 대한 보상금지를 명문화하였다.

여론조사, 객관성과 공정성 강화

① 문제가 있기는 하지만 현행 제도는 누구든지 선거기간 개시일부터 선거일의 투표 마감 시각까지 선거에 관하여 정당에 대한 지지도나 당선인을 예상하게 하는 여론조사(모의투표나 인기투표에 의한 경우를 포함한다)의 경위와 그 결과를 공표하거나 인용하여 보도할 수 없도록 하고 있다.

② 공표 또는 보도를 목적으로 선거에 관한 여론조사를 하

는 경우에는 피조사자에게 여론조사기관·단체의 명칭, 주소 또는 전화번호와 조사자의 신분을 밝혀야 하고, 당해 조사대상의 전 계층을 대표할 수 있도록 피조사자를 선정하여야 하며, 특정 결과를 유도하는 조사 행위를 금지시키고 있다.

③ 그러기에 선거에 관한 여론조사의 결과를 공표 또는 보도하는 때에는 조사 의뢰자와 조사기관·단체명, 피조사자의 선정방법, 표본의 크기, 조사지역·일시·방법, 표본오차율, 응답률, 질문내용 등을 함께 공표 또는 보도하여야 하며, 선거에 관한 여론조사를 실시한 기관·단체는 조사설계서·피조사자 선정·표본추출·질문지 작성·결과분석 등 조사의 신뢰성과 객관성의 입증에 필요한 자료와 수집된 설문지 및 결과분석자료 등 당해 여론조사와 관련 있는 자료 일체를 당해 선거의 선거일 후 6월까지 보관하여야 한다고 하였다.

미디어선거 활성화

① 방송매체를 이용한 선거운동 방법의 활성화와 공정성 제고를 위해 방송위원회에 선거방송심의위원회를 설치하도록 하고 방송 및 정기간행물의 선거보도에 관한 반론보도 청구권을 신설하였다.

② 종합유선방송국 및 보도에 관한 프로그램 공급업체도 선거운동을 위한 방송광고, 후보자 등의 방송연설, 후보자 초청 대담·토론회를 할 수 있도록 하고 있어 이 분야에 대한 후보자들의 관심이 높아질 필요가 있다.

③ 언론기관은 선거운동기간 중 후보자와 대담하고 보도할 수 있도록 하던 것을 대통령선거와 시·도지사선거의 경우에

는 선거일 전 일정 기일부터 선거기간 개시일 전일까지 후보
자가 되고자 하는 자와도 대담하고 이를 보도할 수 있도록 대
담기간을 연장하였다.

컴퓨터통신을 통한 선거운동

① 선거운동을 할 수 있는 자는 선거운동 기간 중에 개인용
컴퓨터를 이용하여 컴퓨터통신의 게시판·자료실 등 정보저장
장치에 선거운동을 위한 내용의 정보를 게시하여 선거구민이
열람하게 하거나 대화방·토론실 등에 참여하여 선거운동을
할 수 있게 되어 소위 인터넷 시대의 정치 환경을 주목케 하
고 있다.

② 컴퓨터통신을 이용하여 후보자(후보자가 되고자 하는 자
를 포함한다), 그의 배우자 또는 직계 존·비속이나 형제자매
에 관하여 허위의 사실을 유포하여서는 아니 되며, 공연히 사
실을 적시하여 이들을 비방하여서는 아니 된다. 다만, 진실한
사실로서 공공의 이익에 관한 때에는 그러하지 아니하다.

입후보 제한의 완화

지방의원이 당해 지방자치단체의 장 선거에 출마하거나 지
방자치단체장이 당해 지방자치단체의 의원 선거에 출마하는
경우 선거일 전 90일까지 사직하여야 하던 것을 그 직을 가지
고 출마할 수 있도록 하고, 지방의원이 다른 지방자치단체의
의회 의원이나 단체장의 선거에 출마하는 경우 사퇴 기한을
일부 완화하였다.

아직도 정치관계법이 협상이 타결되지 않은 터라 정당의 공

천이나 선거운동을 둘러싼 제도개혁이 지방정치의 판을 어느 정도나 새롭게 만들어 갈 수 있을지는 미지수이다. 그럼에도 과거에 비해 고비용 정치의 탈피, 공정한 선거운동, 미디어의 활용 등의 분위기로 지방선거도 보다 긍정적인 방향으로 발전될 전망임은 분명하다.

　여전히 정당의 향배가 중요한 변수가 될 것인지, 과연 지역 감정을 더욱 조장할 것인지 아니면 우리 모두가 바라는 지방 자치와 국민통합의 꽃을 제대로 피울 것인지는 지방자치를 바라보는 정당과 정치인의 책임이 크다고 할 것이다.

7. 지방선거 전략 재점검

사실상 제한 없는 선거운동 기간

2002년 선거를 둘러싸고 정치권이나 정치인들이 예민하게 반응하고 있는 것은 사실이다. 정치권 및 선관위의 선거구 개선책과 이에 따른 의원 정수 축소 논의가 바로 그것이다. 이러한 이해관계 조정이 어떻게 되느냐에 따라 선거운동의 양상이 달라질 전망이다.

선거운동이란 실제로 어떠한 것일까? 정치의 매력이나 권력에 대한 관심이 많은 사람이라면 선거의 승리 효과에 대단한 감명을 받을 것이다. 그러나 실제로 선거란 대단히 무미건조하고 유쾌하지 못한 일면이 있다는 것을 후보자가 되기를 원하는 사람들은 분명히 알아야 한다.

특히 처음 나서는 후보는 후보의 시간, 자금, 인내심 그리고 감정에 대해 끊임없이 그리고 절박하게 요구되는 것이 많다는 것을 알아야 한다. 선거출마는 많은 시간을 요구한다. 선거운동 기간 중에는 정상적인 직업과 가족생활을 기대할 수가 없다. 신체적으로나 정서적으로도 정상적이기를 기대할 수가 없을 정도이다. 재선을 노리는 후보의 경우에도 마찬가지이다. 어쩌면 재임기간 내내 선거를 준비하고 있는지도 모를 정도이다.

선거운동은 후보자의 등록이 끝난 때부터 선거일 전일까지에 한하여 이를 할 수 있도록 되어 있다. 이를 그대로 적용한다면 후보들의 경우 불과 2주 내외 정도의 기간밖에 주어지지 않는 셈이다.

그렇지만 현행 선거법대로라면 이 기간만이 선거운동과 관계가 있는 것은 아님을 알게 된다.

즉, 임기만료에 의한 선거에 있어서는 선거일 전 180일부터 선거일까지를 기부행위 제한 기간으로 보고 있는 점, 선거일 전 60일부터 선거일까지 선거에 관한 여론조사를 투표용지와 유사한 모형에 의한 방법을 사용하거나 후보자 또는 정당의 명의로 선거에 관한 여론조사를 할 수 없다고 한 점, 누구든지 선거일 전 180일부터 선거일까지 선거에 영향을 미치게 하기 위한 지지·추천 혹은 반대 행위가 제한된 점, 그리고 자치단체장의 경우 선거기간 개시일 전 30일부터 선거일까지는 선거에 영향을 미칠 수 있는 행위에 제한을 받게 된 점을 보면 선거운동은 오래 전부터 가능할 것임을 알 수가 있다. 다만 그것이 공식적인 것이냐 아니면 간접적이고 비공식적이냐의 차이가 있을 뿐이다.

그러면 선거운동은 언제 실시해야 하는 것인가. 사실 선거운동에는 기간 제한이 따로 없다고 보는 것이 마땅하다. 선거운동은 일종의 커뮤니케이션 과정이기도 하다. 후보자가 대규모 선거인 광역단체장 선거에 출마하든 혹은 소규모 선거인 지방의회 선거에 출마하든 상관없이 그의 목표는 동일한 셈이

다. 유권자들에게 후보 자신의 의사를 전달하고 자신을 지지
토록 하여 득표수가 분명 차점으로 낙선하는 후보자의 것보다
많도록 하는 것이 어쩌면 선거운동의 최종 목표일지도 모른다.

선거운동 전략 수립: 재점검

선거운동에 출마하는 인물이라면 적어도 그는 다른 사람들
보다 뛰어난 몇 가지 능력쯤은 가지고 있어야 한다. 없다고 하
더라도 그렇게 되도록 노력해야 하는 것이다. 그것은 다른 사
람을 설득하는 기술이 될 수도 있고, 자금 동원능력이 뛰어난
것일 수도 있으며, 자신을 위해 도와줄 수 있는 자원봉사자를
동원할 수도 있어야 한다. 그런가 하면 선거운동과 추후의 지
역구 관리를 위해 조직을 구축할 수 있는 능력과 선거를 위한
기획능력을 갖추고 있어야 한다.

그러나 그러한 능력만으로는 충분치가 않다. 선거에서 승리
를 거두기 위해서는 이러한 능력 못지않게 효과적인 관계망,
즉 커뮤니케이션이나 PR 구성 전략이 필요하다. 선거운동이나
전략이야 당연히 중요하지만 그것의 기본적인 요소를 이해하
는 것이 필수적인 것이다.

그에 대해서는 다음과 같이 설명할 수가 있다.

첫째, 유권자들에게 무엇을 전달하고자 하는가? 둘째, 후보
자에게 투표하도록 설득될 수 있는 유권자들, 즉 표적집단은
누구인가? 셋째, 후보자의 메시지 전달에는 어떠한 커뮤니케
이션 방법이 가장 효과적인가? 넷째, 표적대상과의 커뮤니케

이션을 촉진하고자 이용 가능한 자원은 무엇인가?

차별화될 수 있는 선거운동 테마여야

선거운동에서 유권자들에게 의사를 전달할 기본적인 메시지인 테마를 정하는 목적은 선거에서 후보자를 다른 경쟁자들과 차별화시켜 두드러지게 만드는 것이다. 이를테면 유권자에게 '내가 왜 이 후보자를 지지해야 하는가?'에 대한 답변을 할 수가 있어야 된다는 이야기이다. 즉 선거운동의 테마라고 한다면 후보자가 출마한 이유를 간결하고도 극적으로, 아울러 설득력 있는 방법으로 담고 있어야 하는 점이다.

간결한 메시지를 전달해야 한다는 것은 바로 자신의 테마가 결코 복잡해서는 안 된다는 것을 의미한다. 이러한 선거운동 테마를 결정하기 위해서는 두 가지 주요 요소를 고려해야 한다. 그것이 바로 정책이슈와 후보자의 개인적인 특성이다.

후보자가 출마하고자 하는 지역 수준에서 어떠한 중대한 지역문제가 존재하고 있던가? 만약 출마하고자 하는 지역에 쓰레기 매립장 문제나 공단유치 문제가 존재하고 있다면, 그러한 문제가 미해결의 상태로 되어 있다면 그러한 문제는 바로 후보자가 제기할 당연한 소재이다. 지역의 특정 문제를 어떻게 쟁점화하느냐에 따라 바로 자신을 차별화시킬 수가 있는 것이다. 현직을 가지고 있는 단체장이나 의원 혹은 이에 대한 도전자는 각기 차별화된 전략과 테마를 가질 수밖에 없다.

후보자의 개인적 특성에 따라서도 선거테마를 개발할 수가

있다. 이를 위해서는 후보자의 경력, 능력, 가치관, 각종 집단
과의 협조 관계 등을 상대방 후보자와 비교하거나 차별화할
수 있는 것으로 만들어가는 것이 중요하다. 자신과 상대방의
강점과 약점에 대한 분석, 투표행태에 대한 분석, 유권자들에
대한 관심 수준, 남다른 특성이 있는가를 살펴보는 일이다. 만
약에 유권자들이 단 한번도 지방의원이나 단체장을 만나본 적
이 없었다고 한다면 자신은 유권자들을 임기 중에 단 한번이
라도 만날 수 있도록 하겠다고 하는 것도 자신을 차별화시키
는 좋은 테마가 될 수 있는 것이다.

정책이슈와 개인적인 특성을 균형있게 배합하는 문제는 결
코 소홀히 되어서는 안 된다. 선거테마에 단순히 정책이슈만
포함되어서도 안 되고 후보자 개인적인 특성만 포함되어서도
안 된다. 양자 모두가 균형있게 포함되어야 하는 것이다.

누구를 표적집단으로 할 것인가

선거에서 승리하기 위해서는 후보자가 자신의 잠재 지지자
들에게 확신감을 심어 주어야 하며, 또한 그들에게 투표하도
록 동기를 부여해야 한다. 후보자가 자신의 메시지를 전달받
을 표적집단을 어떻게 선정하느냐도 승패를 좌우하는 중요한
관건이 될 수가 있다. 일반적으로 표적집단을 선정할 때는 그
동안의 투표 행태, 유권자 여론, 지리적 요인 및 인구통계학적
요인 등을 고려해야 한다.

후보자가 유권자 모두와 접촉하기란 사실상 불가능하다. 후

보에 따라서는 적어도 직접 혹은 간접으로 모든 유권자들과
의 접촉이 불가피하다고 볼 수도 있다. 그러나 선거 규모에
관계없이 승리를 굳히는 방법 중의 하나는 후보자를 지지할
가능성이 있는 유권자들, 즉 표적이 되는 유권자들에게 반복
적이고 설득력 있는 커뮤니케이션 관계를 가지는 것이 바람
직하다.

표적집단이 되는 유권자들이 가장 중요시하는 이슈를 찾기
위해서는 여론조사와 밀접한 관계가 있다. 비공식적인 여론조
사와 관계가 깊은 것으로 평소의 간담 형태의 모임이나 지역
구 순회, 최근의 컴퓨터통신이나 인터넷 홈페이지 이용 등을
들 수 있는데 이러한 과정을 통해 이해관계 집단이나 여론지
도층, 기타 지역대표 등과 만나면서 쌍방향적인 커뮤니케이션
기회를 가지는 것이 바람직하다. 소규모인 경우 선거운동원을
통한 자체 여론조사 수준에서도 가능하겠지만 대규모인 경우
에는 여론조사 관련 전문가와 협의하는 것이 바람직하다.

유권자들과 관련된 지리적 요인과 인구통계학적 요인 역시
매우 중요하다. 유권자들이 살고 있는 지역의 특성을 볼 때 시
골지역인가, 아파트 밀집지역인가, 아니면 교통왕래가 편리한
지역인가에 따라서도 유권자들의 관심은 달라질 수가 있다.
또한 실업률이 높은 저소득층이 많이 사는 지역인가, 아니면
고소득층이 많이 살고 있는 지역인가에 따라서도 관심은 달라
지기 마련이다. 이에 따라 선거운동의 방법도 달라질 수밖에
없는 것이다.

유권자에게 접근 용이한 커뮤니케이션을

유권자들에게 후보자를 어떻게 알려야 될까? 후보자의 메시지를 전달하는 방법은 사람을 통한 직접적인 커뮤니케이션 방법과 간접적이거나 매체를 통한 커뮤니케이션 방법이 있다. 직접적인 커뮤니케이션은 후보자나 그의 대리인 혹은 선거운동원에 의한 유권자 접촉으로 이뤄진다. 간접적이거나 매체를 통한 커뮤니케이션은 뉴스 보도, 라디오, 텔레비전, 신문 등의 광고, 벽보, 컴퓨터통신 등에 의한 것을 들 수 있다.

직접적인 커뮤니케이션 형태를 살펴보자. 현행 선거법은 누구든지 선거운동을 위하여 또는 선거기간 중 입당 권유를 위하여 호별로 방문할 수 없도록 하고 있다. 마찬가지로 선거기간 중 연설회 또는 공개장소에서의 연설·대담의 통지를 위하여 호별로 방문할 수 없도록 하고 있다. 아울러 후보자가 배부하는 소형 인쇄물에 대해서도 호별방문(호별투입을 제외한다)에 의한 배부를 할 수 없도록 하고 있다.

이처럼 직접적인 접촉이 제한 받게 된 것은 고비용 정치 유발을 방지하자는 것과 밀접한 관계가 있다. 그렇다고 관혼상제의 의식이 거행되는 장소와 도로·시장·점포·다방·대합실 기타 다수인이 왕래하는 공개된 장소에서까지 정당 또는 후보자에 대한 지지를 호소할 수 없도록 된 것은 아니다.

또한 그동안 후보자가 유권자와의 접촉을 용이하게 한 것으로 활용되었던 사조직에 대한 제한이 강화되었다. 즉 누구든지 선거에 있어서 후보자(후보자가 되고자 하는 자를 포함한다)를 위하여 연구소·동우회·향우회·산악회·조기축구회,

정당의 외곽단체 등 그 명칭이나 표방하는 목적여하를 불문하고 사조직, 기타 단체를 설립하거나 설치할 수 없도록 하고 있는 것이다.

아울러 매체를 통한 커뮤니케이션은 어떠한가. 현행 선거법은 신문광고와 방송광고 모두 대통령선거와 시도지사 선거 위주로 규정되어 있기 때문에 기초단체장 선거나 지방의원 선거의 경우에는 효용성이 없는 실정이다. 후보자 방송연설의 경우에는 대통령선거, 전국구 국회의원선거, 지역구 국회의원선거, 비례대표 시도의원선거, 시도지사선거까지는 가능하게 되어 있다. 경력방송의 경우에는 대통령선거, 국회의원선거, 시도지사선거, 기초단체장 선거 모두 허용된다.

그러나 기초단체장이나 직접선거를 통해 선출되는 시도의원, 그리고 기초의원의 경우에는 신문 및 방송광고나 방송연설을 통해 자기를 알리는 기회는 전무하게 되어 있다.

과거의 선거에서는 후보자가 여유 자금이 있는 경우 큰 효과가 있다고 밝혀진 DM 서신을 대량으로 발송할 수가 있었다. 그러나 이제는 후보자들이 서신이나 전보 등에 의해서는 선거운동을 할 수 없도록 되어 있는 점에 유의해야 한다. 선거법 제109조는 누구든지 선거기간 중 선거권자에게 서신·전보·모사전송 기타 전기통신의 방법을 이용하여 선거운동을 할 수 없도록 하고 있다.

그러나 다만 개인용 컴퓨터·전화(컴퓨터를 이용한 자동송신장치를 설치한 전화의 경우를 제외한다)에 의하는 경우에는 그러하지 아니하다고 하였다. 여기서 우리는 컴퓨터통신을 이용한 선거운동에 착안할 필요가 있다.

선거운동을 할 수 있는 자는 선거운동 기간 중에 개인용 컴퓨터를 이용하여 컴퓨터통신의 게시판·자료실 등 정보저장장치에 선거운동을 위한 내용의 정보를 게시하여 선거구민이 열람하게 하거나 대화방·토론실 등에 참여하여 선거운동을 할 수 있도록 하고 있는 것이다.

후보자는 자신의 메시지를 정확히 전달하는 데 필요한 직접적인 커뮤니케이션과 간접적인 커뮤니케이션을 사전에 적절히 준비하고 있어야 한다. 후보자에 관한 이야기가 언론에서 보도 자료화될 수 있는가와 광고를 이용할 수 있는 후보자, 즉 시도지사 후보의 경우 이를 어떻게 최대한 이용할 것인가를 사전에 분석하고 검토해봐야 하는 것이다.

또한 후보자가 사전에 분석해봐야 하는 것은 매체의 도달률과 빈도 수에 관심을 가지는 일이다. 즉, 도달률이라는 특정 표적 유권자 내에서 최소한 한 번이라도 매체에 접촉한 적이 있는 청중의 수이고, 빈도 수란 표적 유권자가 메시지와 접촉한 평균 횟수를 말한다.

선거운동을 통해서 도달률과 빈도 수를 높일 수만 있다면 이는 더말할 나위가 없을 것이다. 그러나 이러한 작업에는 예산 및 정확한 여론조사의 실시라는 한계가 뒤따른다는 것을 알아야 한다.

여러 자원을 활용할 수 있어야

전략 개발을 위해 마지막으로 고려해야 할 요소는 후보자의
자원이다. 이러한 자원으로는 후보자 자신, 선거조직(인적 자
원), 자금 그리고 시간을 들 수가 있다. 선거운동 경험자들은
하나같이 사용처는 무한하고 자원은 유한하다고 털어놓는다.
그러기에 선거운동의 모든 프로그램은 유한한 자원을 효과적
으로 결합할 수 있는 것이어야 한다.

우선 먼저 후보자 자신에 대해 고려해보자. 이 문제는 이미
앞장에서 거론한 바와 같이 후보자 개인에 대한 점검에서부터
출발한다. 이에 추가할 것이 있다고 한다면 바로 이제는 어떻
게 하면 후보자의 인지도와 명성을 높여 갈 것이냐의 문제다.
유권자들에게 생소한 후보자는 선거운동 초기단계에서부터 자
신의 이름을 알리는 전략을 채택해야 한다. 유권자들은 후보
자가 누구인가를 알아야 그의 메시지에 관심을 보일 것이기
때문이다. 그러므로 후보자의 인지도는 그가 거쳐야 할 첫 번
째 관문이 된다.

이에 관련하여 현 시점에서 다시 한번 권유할 수 있는 방법
들을 제시하면 다음과 같다.

첫째, 인터넷 홈페이지를 개설하라.

둘째, 각종 컴퓨터통신을 활용하여 통신 이용자들과의 지면
을 넓혀라.

셋째, 언론매체의 눈에 띌 수 있는 행사나 활동을 보여라.

넷째, 후보자 혹은 단체 명의로 여론조사를 실시하라.

다섯째, 정당공천이 관건인 경우 정당과의 접촉 기회를 강

화하라.

이미 인터넷과 지방자치의 관계에 대해서는 누차 강조한 바 있다. 아직까지도 이것의 효용성을 모른다면 지금이라도 컴퓨터통신과 인터넷에 관심을 가져야 한다. 이제 이러한 뉴미디어의 이용은 그것의 후보자 홍보나 쌍방향적 커뮤니케이션을 위해서는 필수적인 것이 되어가고 있다.

아울러 여론조사의 효용성에 대해서도 결코 간과해서는 안 된다. 현행 선거법 제108조는 누구든지 선거기간 개시일부터 선거일의 투표 마감시각까지 선거에 관하여 정당에 대한 지지도나 당선인을 예상하게 하는 여론조사의 경위와 그 결과를 공표하거나 인용하여 보도할 수 없도록 하고 있다. 또한 누구든지 선거일 전 60일부터 선거일까지 선거에 관한 여론조사를 투표용지와 유사한 모형에 의한 방법을 사용하거나 후보자(후보자가 되고자 하는 자를 포함한다) 또는 정당(창당준비위원회를 포함한다)의 명의로 선거에 관한 여론조사를 할 수 없도록 하였다.

이 조항대로라면 지역 현안에 대한 후보자 명의의 조사는 선거일 전 60일부터 선거일까지의 시점이 아닌 시기를 선택하면 되는 것이다. 이러한 조사는 지역에 대한 여론조사를 통한 선거전략 자료 수집이나 자신의 인지도를 높이는 데 매우 유효 적절하다는 것을 인식할 필요가 있다. 이번 지방선거와 관련해서는 적어도 2월 중에 그러한 여론조사를 1회 이상 실시하는 것이 바람직하다.

아울러 언론에 홍보를 하지 않고도 자신을 언론의 눈에 띄도록 하는 것은 매우 적절한 선거운동이다. 자신의 지명도는 곧 언론매체에서 자신을 어떻게 취급해 주느냐와 밀접한 관계가 있는 것이다. 이를 위해서는 적절한 행사나 세미나 기획 등이 필수적이라는 것을 알고 있어야 한다.

아울러 여전히 정당 공천이 당선의 지름길이 되는 지역의 선거에서는 우선적으로 정당의 공천을 받아내는 전략의 구사가 필수적이다. 이를 위해서는 우선 제도적으로 가능한 정당 활동과 기타의 당내 역학 관계를 이용할 수 있는 역량 발휘가 선행되어야 할 것이다.

선거전략 요약

선거전략이란 후보자의 선거운동을 총괄하고 방향짓기 위한 일종의 개략적인 방법이다. 즉 선거에서 후보자가 승리하고자 계획하는 방법을 의미한다. 전술은 당연히 이러한 전략을 실행에 옮기기 위한 구체적인 수단인 셈이다. 그렇다고 선거에서 전략과 전술을 너무 분명히 구분할 필요는 없다. 때로는 그러한 개념들이 뒤섞여 사용되는 경우도 없지 않기 때문이다.

일단 선거에서의 승리라는 목표가 설정되면 선거운동을 위한 전략의 골격 형성은 우선적으로 정치적 상황을 평가하는 일에서부터 시작해야 한다. 상황 분석의 목적은 선거전략을 수립하기 위한 것이다. 상황 분석과 관련해 후보자는 자신과 내부 조직의 특성을 고려해야 하며, 동시에 외부적인 요소로서 경쟁자, 유권자, 국내외 정치적 상황 등을 고려해야 한다. 후보자가 내부적인 상황과 외부적인 상황을 철저히 분석하면

할수록 공천과정에서나 실제 선거과정에서 경쟁자에 비해 유리한 상황을 만들어갈 수가 있는 것이다. 이러한 단계에서는 여론조사가 필수적이다.

두 번째로는 전략을 개발하는 일이다. 이를 위해서는 문제와 기회에 대한 확인, 대안에 대한 평가, 그리고 적절한 대안을 전략으로 개발해가야 한다. 이때 마련될 수 있는 전략으로는 선거에서의 테마를 결정하거나 표적집단을 선정하는 일, 기타 커뮤니케이션 방법과 효과적인 자원의 개발 등이 포함된다.

세 번째로는 이러한 선거운동 계획을 실행에 옮기는 일이다. 이것은 조직의 발전, 자금 모금, 커뮤니케이션 활동 등을 포함한다. 이를테면 자금을 어떻게 조성하고, 어떻게 조직을 구축하며, 유세나 광고 계획은 어떻게 세울 것이며, 후보자에 대한 지지 행위를 어떻게 끌어낼 것인가를 모두 포함하게 된다.

이러한 〈전략 기획〉을 요약하면 다음과 같다.

① 목표 설정: 선거에서의 최소한 득표 계획 수립을 통해 인지도 및 선호도 증대, 목표 조직원 증대, 단체 접근, 지지 유도

② 정치적 상황 분석: 내부적인 요소 분석을 통해 후보자 자신에 대한 전반적인 검토, 조직상황, 자금 등을 검토하고, 외부적인 요소 분석을 통해 경쟁자 상황, 선거구 여건, 기타 국내외 정치상황을 검토

③ 전략개발: 문제에 대한 정확한 포착을 통해 대안의 설정 및 평가, 선거운동 쟁점, 지역 현안에 대한 분석을 통해

표적집단, 후보자 자신의 선거테마, 선거운동 지침까지를 개발

④ 선거운동 실행: 선거운동에 필요한 제반 전략을 수행하는 데 필요한 자금, 조직, 유세, 광고 및 홍보, 후보자 인지도 조사 등에 대한 답변과 대책 수립

8. 여론조사, 준비를 다지는 초석

왜 선거 여론조사가 필수적인가

전국 어느 지역에서나 현직 자치단체장 및 지방의원들의 유권자 만남이 소리 없이 강화되고 있다. 현직이라는 유리한 위치를 십분 활용할 수 있기 때문에 그러한 만남은 한층 자연스럽게 전개되고 있다. 이에 맞서 후보가 되기를 원하는 도전자들의 유권자와의 만남 역시 강화되고 있다.

현직이든 혹은 이에 도전하는 입장이든 선거운동 이전이나 선거운동 기간에 지역 유권자들을 만나는 경우 후보 예정자들에게 전해지는 유권자들의 열렬한 환대에서 어쩌면 모두가 승리를 예감하는지도 모른다. 유권자들의 환호와 환대가 액면 그대로 자신에 대한 지지라고 한다면 당사자들로서는 얼마나 좋을까?

그러나 면전에서의 지지와 실제 유권자의 인식 차이 때문에 후보 예정자나 후보자 모두가 그 진면목을 알고자 더욱 부산을 떨기 마련이다. 어떻게 하면 자신을 향한 지지 여부를 정확히 파악할 수가 있는 것일까?

바로 이러한 분석과 파악이 후보자들에게는 매우 어려운 영역이 되고 있다. 자신이 당선된다는 것이 100%라고 한다면야 무엇이 걱정될 것인가. 그래서 후보자들은 점괘라도 자기에게 유리하게 나오기를 바랄 정도가 아니던가.

선거에 대한 컨설팅을 하다 보면 후보자나 관계자들과 토론을 필요로 하는 부분이 반드시 있기 마련이다. 필자의 경험상 그러한 토론이 필요했던 분야 중의 하나가 바로 선거관계 조사였다. 선거와 관련하여 여론조사에 대해서는 더 이상 토론이 필요 없을 정도가 되고 있기는 하지만 과거에는 후보자나 선거 관계자들의 경우 선거관련 조사라고 하는 것에 대해 너무나 등한시하는 경향이 있었다.

그러나 이제는 어떠하던가. 지난 대통령선거를 우리는 텔레비전 토론과 여론조사가 대세를 좌우한 선거라고 하지 않았던가. 정당의 후보자를 결정하는 과정에서부터도 후보자가 되기를 원했던 사람들은 여론 지지를 높이려고 그렇게도 발버둥 쳤던 것을 잘 알고 있다.

더구나 일종의 밴드웨건(Bandwagon) 효과, 즉 여론지지도가 높은 후보에 대한 상승 작용을 기대하였기에 심지어는 여론조사 결과를 조작하고픈 유혹까지도 들게 할 정도로 여론조사는 후보자 선출이나 막판 대통령선거에서 막강한 위력을 발휘했던 것이다.

지방선거에서 공천만 받으면 그만이라고 생각하는 후보자 중에서도 일단 그 지역에서 후보 예정자로 누가 가장 바람직한가를 알아보자면 우선 여론조사에 의존하기 마련이다. 여론조사가 전문적으로 실시되든 혹은 그렇지 않든 간에 여론조사 결과는 대의원 선거나 후보선정위원회의 결정에 상당한 영향을 미치기 마련이다. 뿐만 아니라 인지도가 낮게 나타나는 지방선거에서는 인지도를 높이는 수단으로서도 여론조사는 유용하기 마련이다.

이러한 점을 감안한다면 선거를 준비하는 입장에 서 있는 후보 예정자나 관계자들은 선거관련 조사에 더욱 관심을 가지는 것이 당연하지 않을까.

선거 조사 전문가의 자문을 구하자

그러나 과거에는 그렇게 돈 많이 드는 선거에서도 돈이 충분하여 어떻게든 선거운동에 돈을 쓸 준비가 되어 있었던 후보자조차도 선거관련 조사에는 생각이 미치지 못하는 경우가 많았다. 그러기에 선거운동이 시작되기 전의 기본적인 선거관련 조사에 대한 준비나 투자를 전혀 고려되지 않았던 것이 상례였다.

이제 현실은 어떠하던가. 전국적인 정당 조직이라 해서 지역의 모든 현안까지도 파악하고 판세를 분석해줄 수가 있던가. 그렇지 못하다는 것이 우리의 판단이다. 전국적인 여론조사기관도 마찬가지이다. 이 점에서 지방선거를 준비하는 입장에 있는 후보 예정자라고 한다면 자신의 선거전략 수립이나 여론조사 등을 자문해줄 수 있는 선거 전문가와 접촉하지 않을 수가 없게 될 것이다.

'정치마케팅과 선거' '의회정치와 선거마케팅' '정치조사분석' 등을 전문적으로 연구하고 실무에 참여하는 대학 관계자

가 주위에 있던가? 정당이나 전문 연구소 혹은 회사에서 여론
조사와 선거기획을 경험한 관계자가 주위에 있던가? 만약 있
다고 한다면 그들에게 자문을 요청하는 것이 바람직하다. 전
문가들의 선거관련 자문은 기본적으로 후보자 상담에서부터
선거기획, 선거운동원 교육, 지역구 관리, 선거관계 조사 등 다
양하다.

선거관련 조사 역시 전문 여론조사기관에 맡겨지는 것이 대
부분이지만 그 결과를 토대로 선거운동을 기획하고 실시하는
것은 결국 선거관련 전문가들의 몫이다. 선거관련 조사가 소
비자 여론 조사나 사회의식 조사와 차이가 있다고 한다면 과
연 누가 승리할 것인가를 예측해야 한다는 점이다. 바로 이러
한 부담 때문에 여론조사를 실시하는 기관의 경우라 할지라도
정치 전문가의 조언을 받지 않을 수가 없게 되어 있다.

선거관련 조사란 세부적이고 정확한 분석과 평가에 쓰이는
객관적인 자료를 이용하여 선거운동에 필요한 의사결정과 중
장기적인 정책결정을 하는 데 구체적으로 도움이 될 수 있도
록 하는 과학적인 조사라고 정의할 수가 있다.

훌륭한 조사결과가 있다고 해서 그것 자체가 합리적인 의사
결정을 보장하는 것은 아니다. 각종 사업에서 보는 것처럼 조
사라고 하는 것도 따지고 보면 도구에 불과하기 때문에 이것
이 도움이 될 수 있도록 하자면 전문적인 이용과 분석을 필요
로 하게 되는 것이다.

그러기에 선거 전문가들은 선거관련 조사를 과학적인 과정
일 뿐만 아니라 일종의 작품으로 평가하게 되는 것이다. 사실
조사 결과를 토대로 하는 분석과 판단이야말로 선거 전문가들

의 몫인 셈이다.

여론조사기관이 단순히 여론조사 결과만을 제시하는 것과 이러한 여론조사 결과를 토대로 해서 선거운동을 계획하고 물자를 활용하는 판단을 내리는 것은 별개의 문제다. 사실 판단을 내리고 당면 문제를 처리하는 것은 후보자의 능력 문제인 것이다. 이러한 후보자 능력을 높이는 데 필요한 영역이 바로 전문적인 컨설팅이다.

매우 잘된 여론조사 결과도 때로는 잘못된 결정을 내리는 데 사용되기도 한다. 그러나 서투른 조사결과나 잘못된 조사결과를 토대로 훌륭한 의사결정을 내릴 수 있기를 기대하는 것은 금물이다.

때로는 정치적으로 유능한 후보, 선거운동 관계자들의 직관과 인내심, 그리고 총체적인 능력이 실제적인 조사보다 더욱 중요한 측면이 없지 않다. 그럼에도 불구하고 전문적인 수준의 선거관련 조사는 적절한 자금지출이 이뤄지는 선거운동에서는 필수적인 것으로 인식되어야 하며 아울러 선거운동 계획수립의 기본 전제가 되어야 한다는 것을 간과해서는 안 된다.

조사는 선거준비의 제1단계

선거법 상 선거비용이라 함은 당해 선거에서 선거운동을 위하여 소요되는 금전·물품 및 채무 기타 모든 재산상의 가치가 있는 것으로서 당해 후보자가 부담하는 비용을 말한다.

이 경우 이 법에 위반되는 선거운동을 위하여 지출한 비용과 기부행위 제한 규정을 위반하여 지출한 비용 및 제삼자가 정당·후보자·선거사무장·선거연락소장 또는 회계책임자와 협의하여 당해 후보자의 선거운동을 위하여 지출한 비용 및 기부행위 제한규정을 위반하여 지출한 비용은 모두 선거비용으로 보게 된다.

그러나 후보자가 되고자 하는 사람이 사용하는 자금 중에 선거비용으로 인정되지 아니하는 비용이 많은데 이는 선거법 제120조에 9개항까지 기술되어 있다. 이 중에 제1항과 2항을 보면 다음과 같다.

선거비용으로 인정되지 아니하는 비용으로 우선 제1항에서는 선거권자의 추천을 받는 데 소요된 비용 등 후보자등록 전의 선거운동을 위한 준비행위에 소요되는 비용을 들고 있으며, 제2항에서는 정당의 후보자 선출대회비용 기타 선거와 관련한 정당 활동에 소요되는 정당비용 등을 들고 있다.

정당 소속이든 무소속이든 입지자가 후보로 나서기 전에 사실 자신이 과연 후보자로서 적합한가, 과연 승산이 있을 것인가에 대해 점이라도 쳐보고 싶은 심정일 것이다.

여기서 우리가 유의할 대목이 바로 제1항의 내용이다. 공천을 받는 데 유리한 여건을 조성하는 것도 바로 후보자가 되기를 바라는 사람의 몫이다. 아울러 공천을 받는 정당 소속이든 무소속이든 자기가 출마하는 선거구의 사정을 파악하고 자신을 알리는 작업 역시 선거운동 준비의 당연한 과정이라고 할 것이다.

바로 공천을 받거나 공식적인 선거운동이 시작되기 전의 선거운동을 위한 준비 행위와 관련하여 소요되는 비용이 선거준비 비용으로서 선거비용과는 별개의 것이라는 것을 분명히 알아야 한다.

그렇다고 해서 공천헌금이나 기부금품을 염두에 둔다면 이는 큰 오산이다. 이는 오히려 탈법 행위로 지탄받기 마련이다. 여기서 우리가 강조하는 것은 돈을 안 들이고도 선거운동을 체계적으로 할 수 있도록 하자는 의도를 담고 있다.

이를테면 유권자가 무엇을 생각하고, 여론은 어떠하며, 현 단계의 문제가 무엇인가에 대한 심층 조사와 분석, 그리고 대안 모색을 어떻게 할 것인가가 중요한 일인 것이다.

선거관련 조사의 종류

선거관련 조사에는 크게 네 가지가 있다. 그것은 여론조사, 투표행태 분석, 인구학적 분석, 그리고 당면하고 있는 현안 혹은 정책조사가 바로 그것이다. 여기서는 여론조사를 주로 설명하고 나머지에 대해서는 간략하게 소개하는 수준에 머물고자 한다.

여론조사

여론조사는 선거운동에서 가장 잘 알려진 유형의 조사 활동이다. 여론조사를 해보면 먼저 공천 과정에서부터 후보 예정자가 상대방에 비해 어떠한 위치에 있는가를 파악할 수 있고, 후보자로서 선거운동을 준비하는 과정에서 또한 실제 선거운동 과정에서 어떠한 위치에 있는가를 정확히 분석할 수 있는 것이다.

여기서 중요한 것은 후보자가 상대방에 비해 유리하다거나 불리하다거나와 같이 특정 위치에 서 있게 되는가의 이유에 대해 특별히 설명할 수 있도록 여론조사가 설계될 수 있다는 점이다.

또한 여론조사는 유권자 중에서 일부 집단이 관심을 가지고 있는 당면 문제 그리고 후보자가 표적으로 삼고 있는 집단에 대한 후보자측 호소가 적합한지에 대한 정보를 제공해줄 수가 있다.

다시 말해 선거와 관련된 '여론조사의 기본 목표는 후보가 어느 집단을 대상으로 호소해야 할 것인가를 가능하면 객관적으로 정할 수 있는 자료를 제공'하는 것이다. 궁극적으로 여론조사는 선거운동 전략을 수립하는 과정에서 또한 선거운동의 과정에서 계속 실험되고 수정될 수 있는 여지를 가진 것으로 인식되어야 한다.

이러한 목표 외에도 여론조사는 선거와 관련해서 후보자를 간접적으로 알리는 효과도 없지 않다. 특히 정당이나 기타의 조직들을 통해서 이뤄지는 여론조사들은 당이나 정책, 심지어는 후보 예정자까지도 유권자에게 간접적으로 알리는 효과가 있다는 것을 간과할 수가 없는 것이다.

과거 우리의 정치 여건에서는 선거관련 여론조사가 그저 장식품 정도로만 인식되어온 일면이 없지 않았다. 그것은 대통령선거와 같은 대규모 선거에서 필요한 것 아니냐는 인식에 실제 시행하고 싶어도 마땅히 주위에 컨설팅을 해줄 만한 전문가가 없다는 점, 그리고 조사 자체가 결코 쉽지만은 않았다는 점이 바로 그러한 주된 이유였다.

그러기에 많은 후보자들의 경우 선거관련 여론조사보다는 그들이 믿고 따르는 주요 정치인들의 중요한 반응이나 유세 지원, 충고 등에 입각하여 선거운동에 관한 의사결정을 하는 것이 대부분이었다. 설사 여론조사를 실시한다 해도 체계적으로 하는 것이 아니라 단순히 우리도 여론조사를 해봤더니 이렇더라는 말을 하기 위한 수준에 머무는 경우도 적지 않았다.

이미 공천이 확정되어 있는 상태이고, 그나마 지역정서가 특정 정당에 몰표로 가는 선거라고 한다면 조사 결과의 활용이 무의미할 수도 있다. 그러한 경우 선거관련 여론조사에 대한 의뢰나 비용지출을 고려할 필요가 없다. 그럼에도 불구하고 조사결과의 이용을 바란다거나 이용 방법을 알고 있다고 한다면 자금 능력에 맞춰 혹은 선거참모가 활용할 수 있는 방법을 최대한 살려 가장 좋은 조사결과를 얻도록 노력해야 한다.

투표행태 분석

투표행태 분석은 유권자들이 과거에 어떻게 투표했는가를 파악하여 대처하고자 하는 목표를 지니고 있다. 특히 지리적으로 지난 지방선거에서 후보자별로 혹은 정당별로 어떠한 투표행태가 나왔던가를 파악하는 것은 매우 중요하다. 대통령선거, 국회의원선거, 자치단체장선거, 지방의원선거에서의 유권자 투표행태 분석은 필수적이다.

투표행태 분석 자료는 선거운동 지역의 지도를 통해 주요 거점의 후보 예정자 혹은 후보자에 대한 반응이 어떻게 나올 것인가를 예측케 할 수 있다는 점에서 선거운동 이전에 미리 준비하고 분석해둬야 할 대목이다.

특히 지역에 따라서는 각종 선거별로 볼 때 정당의 영향력이 막강했던 선거와 그렇지 못했던 선거 등에 대한 추세를 검토할 수가 있어야 한다. 그래프를 그려가면서 자기 지역구뿐만 아니라 다른 지역구의 선거 추세까지도 비교해보는 경우 향후의 선거에서의 유권자 투표행태를 어느 정도는 예측할 수가 있는 것이다.

인구학적 분석

지역 유권자의 인구학적 특성을 정확히 파악하는 것 역시 중요하다. 성별, 연령별, 직업별, 출신지역별, 학력, 학연, 소득, 계층 등의 특성을 정확히 파악해야만 이 특성에 맞춰 선거운동을 해나갈 수가 있기 때문이다.

이러한 인구학적 특성의 파악을 위해서는 이미 『지방자치』 1997년 1월호의 「지방선거특강」 3에서 제기한 바와 같이 인구 및 지역 기초 실태, 생산부문, 소비생활 부분의 통계 자료 확보 등 기초 자료의 확보가 필수적이다.

정책 분석

당면 현안 혹은 정책에 대한 검토와 연구는 유권자가 관심을 두는 것이 무엇인가를 파악하고 대처할 수 있다는 점에서 역시 결코 등한시할 수 없는 영역이다. 이러한 연구와 분석 자료는 대체로 언론을 통해서나 선거운동 과정을 통해 유포되기 마련이다.

지역의 당면 현안 및 쟁점에 대한 신속한 포착과 대처야말로 바로 후보자가 그러한 현안에 대한 최대의 적임자임을 알리는 효과를 노릴 수가 있는 것이다. 물론 후보 예정자나 후보자들의 경우에는 설사 쟁점을 선점한다 해도 당선 이후 이것을 해결해나가는 문제에 대해서는 부담을 느낄 수가 있을 것이다. 다시 말해 공약을 실천하는 것이 결코 쉽지만은 않으며 특히 재선을 바라는 입장에 서는 관계자들에게는 더 말할 나위가 없을 것이다.

선거운동 과정에서 정책을 제시하고 대안을 제시하는 노력과 당선 이후 지방자치 과정에서 실천하는 것은 별개일 수도 있음을 고려해야 한다. 이는 상황이라고 하는 것이 달라질 수가 있으며, 설사 다른 상대방이라 해도 마찬가지일 것이라고 본다면 선거운동 과정에서 모든 현안을 다 처리해야 한다는 부담을 가질 필요는 없는 것이다. 때로는 누가 더 적합하고 먼저 쟁점을 확보해가느냐가 중요할 수도 있기 때문이다.

선거 여론조사의 방법

조사기획을 통한 여론조사

선거관련 여론조사에는 방문(대면면접)조사, 전화(면접)조사, 우편조사, 집단토의가 있다. 유권자를 직접 방문하여 실시하는 방문조사는 전문성, 정확성이라는 장점에도 불구하고 엄청난 비용과 응답자 면담의 어려움 때문에 최근의 선거여론조사로는 권장되지 않는다. 우편조사의 경우는 비용은 적게 들지만 회수율이 매우 저조하다는 점에서 역시 선거 시기의 여론조사로는 적절치 못하다.

우리 사회 선거에서 가장 많이 사용되는 것이 전화조사인데 이는 방문조사에 비해 비용이 저렴하고 신속하게 이뤄진다는 장점을 지니고 있기 때문이다. 최근에는 기계음을 이용하는 자동응답 전화조사까지 등장하여 공해가 될 정도이기는 하지만 조사원을 통한 전화조사는 아직까지는 선거와 관련해 가장 많이 이용되고 있다.

집단토의는 특정 계층에 대한 심층적인 여론조사에 앞서 무엇이 문제인가를 알고자 할 때나 심층적인 조사를 할 만한 자금 여유가 없는 경우에 사용할 수가 있다. 앞의 세 가지 조사는 심층 분석을 위한 계량화가 가능하지만 집단토의의 경우 계량화가 곤란하다.

조사를 실시하는 경우 후보 예정자나 후보자 혹은 선거운동을 관리하는 관계자들은 조사를 실시할 표본, 모집단, 표본 설계, 표본 규모, 통계적 신뢰도, 표본 추출 책임자, 조사원 교육, 조사의 질을 유지하기 위한 관리, 조사자료 처리 및 분석 등과 관련해 전문가를 위촉하거나 조사기관과 계약을 미리 체결해 둘 필요가 있다.

조사에 소요되는 비용은 선거운동 기간에 전개되는 조사의 경우 선거법상의 선거비용에 포함시킬 수밖에 없으며, 이 경우 전체 선거비용의 5~10% 수준을 유지하는 것이 바람직하다.

그러나 아직 선거운동이 전개되지 않은 상황, 즉 공천을 확보하기 위한 과정, 장래 선거에서의 위상이나 인지도 점검 수준, 지역구 현안 파악 등 선거운동과는 무관하게 이뤄지는 준비 형태의 조사라고 한다면 선거비용과는 별도로 비용을 책정

할 수가 있다.

조사는 전문가에게 의뢰해서 혹은 후보자 자신 혹은 선거운
동원이 직접 참여함으로써 실시할 수가 있다. 어떠한 형태를
취하든 조사기획 내용에는 ① 조사계획 수립, ② 설문작성, ③
표본설계 및 추출, ④ 교육, ⑤ 감독, ⑥ 조사, ⑦ 자료수집, ⑧
통계분석 프로그램 작성, ⑨ 처리, ⑩ 최종 분석과 설명이 포
함되어야 하며 이를 수행하기 위한 ⑪ 총 예산, ⑫ 후보자 상
담 등이 확정되어 있어야 한다.

조사 시점에 따른 방법

그야말로 장기적인 선거전략을 수립하는 것이라고 한다면
선거 1년 전 혹은 그 이전부터 지역구의 여러 문제들에 대한
조사를 실시할 수가 있는데 이것을 통상 벤치마크조사(Ben-
chmark Survey)라고 부른다.

선거의 진행 상황을 점검코자 하는 경우에는 추적조사
(Tracking Survey)가 유용한데, 이 경우에는 동일인을 계속
추적하는 조사와 그렇지 않은 조사가 모두 포함되며 선거준
비 기간이나 선거운동 기간에 관계없이 실시할 수 있다.

여론조사의 형식을 취하지만 특정 후보에게 이익을 주기 위
한 목적으로 시행되는 여론조사가 있는데 이것을 푸시조사
(Push Survey)라고 부른다. 이 경우 후보자의 인지도를 높이
면서 다른 후보 예상자의 약점을 알리는 효과까지도 노리는
경우가 많다. 이를테면 후보 예정자의 인지도를 높이기 위한
방편으로 이용될 수가 있는 것이 이 조사의 강점이다.

그런가 하면 일종의 자동응답장치(ARS)를 이용한 조사로

CRAP(Computerized Response Audience Polling)를 들 수 있다. 이 조사는 조사원을 활용치 않고 자동으로 전화를 거는 컴퓨터시스템을 활용하여 녹음된 음성을 들려주어 전화기 버튼을 통해 응답자가 응답할 수 있도록 하는 장점이 있는 반면 응답자가 누구인지 확인을 할 수 없는 약점이 있다. 다만 이러한 조사의 경우는 평상시나 선거운동기간에 구별 없이 활용될 수 있다.

여론조사의 변수와 새로운 방향

지방선거에서 현직 단체장이 출마하는 경우의 여론조사는 현직을 가지고 있는 단체장이 어느 정도나 자치단체를 잘 운영했는가가 주된 변수가 되기 때문에 현직 단체장에 대한 평가가 주된 항목을 차지하기 마련이다. 단체장의 경우 광역이냐, 기초냐에 따라서 질문항목 등이 조정될 필요가 있다.

지방의원의 경우 그 지명도가 높지 않은 편이기 때문에 광역의 경우 주로 정당과의 관계에서 질문을 부과하는 조사가 바람직하다. 기초의 경우에는 그나마도 정당 관계가 덜 강조되기 때문에 개인별 인지도나 유권자 평가가 주된 여론조사의 주요 변수가 되어야 한다.

고비용 정치 청산에 대한 기대, 과학적인 여론조사의 필요성으로 미뤄 볼 때 선거 과정에서의 여론조사는 결코 소홀히 되어서는 안 된다. 결국 지방선거 관련 여론조사는 후보 예정자나 후보자의 의지와 밀접한 관계가 있기 마련이다.

정치비용, 즉 선거비용을 줄이면서 주민의 여론을 최대한 반영할 수 있는 지방정치를 펼쳐가기 위해서는 여론조사부터 체계적으로 실시하고 이용하는 모습을 보여줘야 한다. 특히 선거일 전 60일부터 선거일까지의 기간이 아니면 후보자는 자신이나 정당의 명의로 여론조사를 실시할 수 있지 않던가.

그렇다고 한다면 여론조사의 장점을 최대한 살리기 위해서라도 여론조사의 기회를 결코 놓쳐서는 안 된다. 후보자가 되기를 원하는 사람은 자신이든 혹은 자문이 가능한 전문가를 통해서라도 특히 선거 기간 3개월 전부터 1회 이상 여론조사를 실시하는 것이 바람직하다는 것을 밝힌다.

이러한 조사 자체도 가능하면 적은 비용으로 실시함으로써 여론조사의 새로운 방향을 모색해봐야 할 것이다. 이러한 새로운 방향과 관련, 지방선거에 관심이 있는 당사자들은 필자가 제시한 인터넷 조사방법을 참고하여 활용하는 방안도 모색하는 것이 바람직하다(『지방자치』 1997년 7월, 「인터넷과 지방자치」 2 참고).

아직은 인터넷 자체의 보급 미비로 그 효과가 미미하기는 하겠지만 현직 자치단체장이나 지방의원 혹은 그 후보들이 자신의 인터넷 홈페이지를 개설하는 것만으로도 그 의미는 크다고 할 것이다.

거기에 그 홈페이지를 통해 자신의 인지도를 증대시키거나 현안에 관한 여론조사를 실시하는 수준의 단계가 된다면 지방자치에 참여하기를 희망하는 당사자들이 돈은 적게 들이면서도 지방자치를 고도로 발전시키는 수준의 지방정치를 분명히 펴나갈 수 있게 될 것이다.

9. 이미지 창출, 언론을 공략하라

선거판, 언론인과 미디어를 중시한다

"이제는 미디어선거 시대, 언론인들을 잡아라."

지방선거를 준비 중인 각 지역 관계자들은 언론인 출신들을 대거 홍보담당자 혹은 출마 예정자로 점찍고 있다. 지방정치까지도 언론인 영입에 관심을 보이게 된 것은 1997년 대선에서나 1998년의 지방선거에서 미디어의 영향력을 실감했기 때문이다.

미디어가 당락에 결정적 역할을 하게 된 만큼 그 속성을 잘 알고 있는 언론인 출신에게 홍보와 대 언론창구 역할을 맡겨 효과를 극대화하자는 전략이다.

실제로 정치권에 뛰어든 언론인 출신들은 그동안 다져놓은 대인관계를 바탕으로 출마 예정자에 대한 대 언론홍보 효과를 높이는 한편 언론의 관심을 끌 수 있는 다양한 이벤트를 마련하는 등 제 역할을 톡톡히 할 수 있을 것으로 기대되고 있다. 이 때문에 본격적인 선거철로 접어들게 되면 언론인 영입경쟁은 더욱 달아오를 전망이다.

미디어선거의 원년으로 기록된 1997년 대선의 가장 큰 특징은 홍보비가 선거비용의 큰 부분을 차지했었다. 한나라당과 국민회의의 홍보비용이 전체 선거비용의 60%를 차지했고, 국민신당의 경우는 80%를 넘어선 것으로 알려진 바 있다.

이렇게 홍보물에 의존하여 선거를 치르는 방법이 대세가 되면서 정치판에서도 이러한 홍보와 언론관계를 적절히 조정할 수 있는 인사가 환영을 받는 것은 당연하다 할 것이다.

이러한 현실을 반영하듯 이제 각 당들은 당 체제 개편의 일환으로 지난 대선 때 가동됐던 텔레비전 선거대책단과 같은 미디어선거 대책기구를 상설화해왔다. 2002년에도 당장 지방선거가 실시되는 데다 12월에는 대통령선거가 예정되어 있는 데에 따른 것이다.

지방선거와 국회의원선거도 돈 안 드는 선거차원에서 조직, 유세선거보다는 텔레비전 등을 통한 미디어선거운동방식 위주가 될 수밖에 없기 때문에 그에 따라 당 체제도 미디어선거 기능을 활성화하는 방향으로 개편될 수밖에 없는 것이다.

지방선거와 국회의원선거에서도 공중파 텔레비전, 케이블 텔레비전 등을 적극 활용하도록 선거법을 개정되어 온 만큼 이와 같은 대책기구의 필요성을 절감하게 된 것이다.

정치인 생존에는 언론 활용 필수

미디어선거의 본격화로 선거문화가 혁명적으로 변하는 것은 시대적인 현실이다. 텔레비전 토론회는 선거전을 주도하며 군중집회의 효용을 낮춰 선거운동 무대를 거리에서 안방으로 옮겨 놓았다. 이로써 유권자들은 후보의 이모저모를 좀더 상세히 알게 됐고 후보들은 상당한 수준의 지적 능력과 준비를 요구받게 됐다.

그러나 텔레비전 토론회는 아직까지는 정책 검증의 효율성에서 미흡했던 것도 부인할 수가 없다. 횟수도 지나치게 많아 신선감을 떨어뜨렸고 전파낭비의 결과를 가져왔다는 지적도 없지 않았다.

이러한 한계에도 불구하고 지방선거에서조차 미디어 바람이 몰려들고 있는 것은 부정할 수가 없다. 지난 대선을 계기로 해서 텔레비전 정치는 하나의 현실이 되었기 때문이다. 청문회는 짧은 시간에 유명한 정치적 스타들을 배출한 바 있고 텔레비전 정치토론은 고난도의 정치게임으로 시청자들에게 흥미진진한 볼거리로 자리잡은 것이다.

그러기에 정치 고수들에게 미디어는 생존게임의 필수적인 영역이 되고 말았다. 텔레비전 정치에 적응하지 못하는 정치인이 도태되거나 혹은 일선에서 물러나는 현실이 다가온 것이다.

이렇듯 미디어 정치는 문화-제도적 충격을 수반한 정치문화의 변동을 뜻한다. 미디어 정치시대를 맞아 그 영향력을 객관적으로 평가하고 그에 대한 감수성을 기르는 훈련이 필요한 것은 바로 이러한 이유에서이다.

미디어 정치, 특히 텔레비전 정치의 장점은 비용이 절약된다는 점일 것이다. 의사전달 능력과 토론능력은 바로 정치적 힘의 원천이 된다. 오죽하면 미국 최고의 텔레비전 정치인인 클린턴을 놓고 최고의 의사전달자라고 했겠는가.

현행 선거법의 언론매체 활용

지난해 11월 개정되어 시행된 공직선거법의 언론매체 활용
가능성을 보면 광고와 연설, 토론회 등을 들 수가 있다. 이에
는 신문이나 방송, 그리고 컴퓨터통신까지도 포함된다.

지방선거운동을 위한 신문광고는 후보자가 후보자 등록 후
선거일 전 2일까지 소속정당의 정강·정책이나 후보자의 정
견, 기타 홍보에 필요한 사항을 정기간행물의 등록 등에 관한
법률에 의한 일간신문에 게재할 수가 있다. 이 경우 지방선거
에서는 아직까지 시·도지사 선거의 경우에만 신문광고가 가
능하게 되어 있다.

일간신문에의 광고 횟수의 계산에 있어서는 하나의 일간신
문에 1회 광고하는 것을 1회로 보아 시·도지사선거는 총 5회
이내(다만, 인구 300만을 넘는 시·도에 있어서는 300만을 넘
는 매 100만까지마다 1회를 더한다)로 되어 있다.

현행 선거법은 시·도지사 후보의 경우 텔레비전 및 라디오
방송별로 각 3회 이내씩 방송 광고를 할 수 있도록 하고 있다.

그런가 하면 후보자와 후보자가 지명하는 연설원은 소속정
당의 정강·정책이나 후보자의 정견 기타 홍보에 필요한 사항
을 발표하기 위하여 선거운동 기간 중 방송시설(방송법에 의
한 텔레비전 및 라디오 방송시설과 종합유선방송법에 의한 종
합유선방송국·보도에 관한 프로그램 공급업)을 이용한 연설
을 할 수 있게 되어 있다.

현재로서는 비례대표 시·도의원선거의 경우 정당별로 후보
자 중에 선임된 대표 1인이 1회 10분 이내에서 텔레비전 및

라디오 방송별 각 1회를 할 수 있다. 그런가 하면 시·도지사 선거의 경우 후보자가 1회 10분 이내에서 지역방송시설을 이용하여 텔레비전 및 라디오 방송별 각 1회를 실시할 수가 있다.

방송시설을 이용한 연설의 비용이나 방송시설주관 후보자 연설의 방송 등은 선거법의 내용에 따라 실시되게 되어 있다.

경력방송과 관련해서는 한국방송공사가 지방자치단체의 장 선거에 있어서 선거운동 기간 중 텔레비전과 라디오 방송시설을 이용하여 후보자마다 매회 2분 이내의 범위 안에서 관할선거구 선거관리위원회가 제공하는 후보자의 사진·성명·기호·연령·소속정당명(무소속후보자는 "무소속"이라 한다) 및 직업 기타 주요한 경력을 선거인에게 알리도록 되어 있다.

경력방송 횟수는 텔레비전 및 라디오 방송별로 자치구·시·군의 장 선거에 있어서는 각 2회 이상으로, 시·도지사선거에 있어서는 각 3회 이상으로 하도록 되어 있다.

후보자가 유의할 내용은 언론기관 초청 대담·토론회의 경우이다. 언론기관은 선거운동 기간 중 후보자 또는 대담·토론자(후보자가 선거운동을 할 수 있는 자 중에서 지정하는 자)에 대하여 후보자의 승낙을 받아 1인 또는 수인을 초청하여 소속 정당의 정강·정책이나 후보자의 정견 기타 사항을 알아보기 위한 대담·토론회를 개최하고 이를 보도할 수가 있다.

시·도지사선거의 경우에는 선거운동 기간의 규정에 불구하고 선거일 전 120일부터 선거기간 개시일 전일까지 후보자가 되고자 하는 자와 대담을 하고 이를 보도할 수 있다.

그런가 하면 뉴미디어로 떠오르고 있는 컴퓨터통신을 이용한 선거운동도 가능하게 되어 있다. 선거운동을 할 수 있는 자는 선거운동 기간 중에 개인용 컴퓨터를 이용하여 컴퓨터통신의 게시판·자료실 등 정보저장 장치에 선거운동을 위한 내용의 정보를 게시하여 선거구민이 열람하게 하거나 대화방·토론실 등에 참여하여 선거운동을 할 수 있다.

이미지 창출, 매체 활용에서

유권자들이 후보와 서로 잘 알고 있는 경우이거나 혹은 후보를 직접 만날 수 있는 기회가 있다고 한다면 후보에 대한 인상은 처음부터 명확해진다. 그러나 현실적으로 후보자가 모든 유권자를 만나기는 어렵게 되어 있다.

그러기에 후보자들은 언론매체를 통해 형성되는 나름대로의 이미지를 가지기 마련이다. 바로 이러한 이미지가 투표할 때의 선택을 좌우할 수가 있다는 것을 간과해서는 안 된다. 유권자들은 저마다 각기 다른 인식의 바탕과 경향, 선입견에서 출발하는 것이므로 자연히 후보에 대한 인식도 다를 수밖에 없다.

일단 당선되겠다고 결심한 후보자나 후보 예정자라고 한다면 자신의 이미지 조성을 자연적 추세에 맡겨 두어서는 안 된다. 복장, 태도, 발언, 행동 하나하나가 모두 뉴스가 된다고 생각해보자. 그것이 바로 그에 대한 인상을 결정할 수가 있다는 것을 왜 간과할 것인가?

결국 후보라고 하는 것이 괜찮은 상품처럼 취급되어야 하는 것은 바로 소비자가 선택하고픈 충동을 느끼게 해야 하기 때문이다. 이것을 인식한다면 바로 언론매체에 나서는 정치인의 입장이 어떠해야 한다는 것은 뻔한 일이다.

후보자가 어떠한 이미지를 구축할 것인가에 대한 지침은 바로 후보자의 컨셉트(concept)이다. 후보자의 컨셉트란 곧 후보자만이 약속할 수 있는 것, 후보자만이 느끼게 할 수 있는 것을 의미한다.

이러한 컨셉트가 제대로 엮어지기 위해서는 기본적으로 유권자들이 보거나 느끼는 선거의 주요 이슈들을 결정해야 한다. 어느 시점에서건 유권자들은 그들이 당면한 문제점에 대한 해답이나 어떠한 약속 등을 후보자로부터 바라고 있는 것이다.

그러나 후보자에게 부적합하거나 믿음직스럽지 못한 것으로 여겨지는 것이라고 한다면 아무리 유권자들이 바라는 정서라 할지라도 때로는 포기해야 하는 경우도 있다. 이를테면 너무 쉽게 정당을 옮겼다거나, 공단 유치의 전도사가 갑자기 환경보전론자의 이미지를 창출하려고 하면 부적합할 수밖에 없는 것이다.

다시 말해 후보자는 자신의 철학이나 환경에 맞는 컨셉트를 선택해야 하는데 이에 필요한 준비 작업이 바로 여론조사이다. 즉, 적절한 컨셉트라고 생각되는 것들을 선정하여 이를 대상으로 유권자 표본 조사를 해보는 것이 바람직하다. 이러한 조사 결과는 유권자들이 어떠한 컨셉트를 바람직한 것으로 생각하는가를 알 수 있게 해준다.

후보자가 컨셉트를 개발하는 경우에는 항상 상대방의 입장도 고려해야 한다. 이미 자신과 유사한 컨셉트를 가지고 있고,

오히려 더 강력하게 그것을 이미지화시킬 수 있는 상대방이라
고 한다면 자신의 경우에는 이러한 컨셉트를 나의 것으로 만
드는 데 주의할 필요가 있다.

다시 말해 경쟁자마저도 나와 유사한 컨셉트를 개발할 수
있다는 가정 하에 자신을 가장 유리한 입장에 서게 해줄 컨셉
트를 선택하는 것이 바람직하다. 이를 바로 후보자의 포지셔
닝(candidate positioning)이라 말한다. 포지셔닝은 유권자의
마음속에 선호의 순위가 있다고 가정하고 그 위치를 선정하는
작업이다.

후보자가 컨셉트를 선택했다고 하여 그것이 유권자 마음속
에 그대로 전달된다고 보기는 어렵다. 그것은 일부만 조작되
어 전달될 가능성이 있기 때문이다.

유권자들 사이의 정보 교환, 언론의 논평이나 해설, 경쟁 후
보자의 선전, 그리고 기타 돌발 사태에 의해 그것은 언제든지
영향을 받을 수가 있는 것이다. 지난 대선 때 특정 후보의 대
쪽 이미지가 병역 시비에 말려 일순간에 훼손된 것이 바로 전
형적인 사례라고 할 것이다.

이미지는 친밀감으로 발전시켜야

이미지는 처음부터 어떻게 형성하고 유지-발전시켜야 할 것
인가? 처음에는 후보자라는 상품을 노출시켜 존재감을 인식시
키는 데서 출발해야 한다. 이러한 출발선상에서부터 많은 사
람들에게 자신의 모습을 전달하는 것이 매우 중요하다.

이를 위해서는 지역언론에의 노출이 필수적이다. 서신을 통한 지인과의 교감도 중요하지만 출판기념회나 출판광고 혹은 특정 행사의 개최는 후보 예정자를 알리는 첩경이다.

그러한 노출을 통해 이름이 알려졌다고 생각하는 경우 지역에서 자신의 입장을 강화시키고 경쟁자에 비해 우위에 있다는 것을 나타내고자 지역발전에 대한 발전적인 방향을 제시하는 것은 물론 자신에게 그러한 능력이 있다는 것을 과시할 수가 있어야 한다.

자신이 어떠한 사람이고 무엇을 할 사람인가가 어느 정도 알려지면서 친밀감까지 구축되는 단계가 되면 이제는 유권자들이 기대하는 인물이 될 수 있도록 하는 작업에 들어가야 한다. 즉, 후보자가 유권자들을 위해 큰 일을 할 수 있을 것이라는 기대감을 심어줘야 하는 것이다.

정치에 뜻을 두었다고 한다면 적어도 어느 지역에서 큰 인물이 되고자 한다면 이를 향해 이미지를 구축하는 목표와 방향을 정해 자신의 이미지를 형성해가야 한다.

이미지는 합리적인 것이라기보다는 다분히 감정적이고 때로는 대단히 애매한 것이기조차 하다. 유권자들은 후보자가 대단히 이상적인 인물이기를 바라지만 동시에 인간적인 면모를 기대하기도 한다. 다시 말해 능력과 애정을 겸비한 이미지를 창출할 수밖에 없다는 이야기이다.

아울러 이러한 이미지 형성은 후보자와 유권자 사이의 심리적인 연대감이나 신뢰감으로 연결될 수 있도록 해야 한다. 그러면 이러한 이미지 관리의 초석이 되는 언론관계는 어떻게 해야 할 것인가.

<표 6> 단계별 이미지 발전 전략

단계	수준	차원	내용	예시
1단계	인물의 노출	존재감	가능한 많은 접촉 언론 노출 극대화 -우선 질보다는 양으로	출판기념회 지인들에 대한 서신 출판광고 지역언론 노출 PC통신 노출 인터넷 홈페이지
2단계	인지화	친밀감	상대보다 우위를 보여야 -지역발전 방향 제시 -합리성, 진실성, 정직성 -정력적인 요소 -유권자에게 돌아갈 이익	행사의 이벤트화 팸플릿 표어 심볼 인터넷 토론회 참여 통신이용자와의 대화
3단계	인물화	기대감	양적 노출에서 질적 노출로 참모 정보분석에 신속 대응 취약점 제거 상대에 대한 공격	선거유세 연출 지역의 거물로 부각 이벤트 개발 -홈페이지 초청 -기대감 연출 정보분석 및 공략

언론 접촉의 기본 요령

이는 궁극적으로 언론인과의 접촉에서부터 시작된다. 언론인을 개인적으로 접촉하는 경우도 중요하지만 선거를 앞둔 시점에서는 자신에 대한 여러 언론의 시선을 한꺼번에 모으기 위해서는 기자회견 방식으로 자신을 알려가는 것이 바람직하다.

이러한 기자회견을 위해서는 기자들이 시간을 내 자신을 접촉할 만한 가치가 있는 것을 만들어가야 한다. 이를 위해서는 다음과 같은 준비와 절차가 일반적이다.

① 계획안을 준비한다. 기자회견의 목적이나 목표, 일시, 장소 등의 사전 협의를 전제로 하여 가능한 한 많은 기자들이 참여할 수 있도록 해야 한다.

② 기자회견의 행사 준비나 광고-홍보 책임자는 항상 후보자와 밀접하게 상의하는 절차를 밟는다.

③ 보도기관의 사람들을 초청한다.

④ 보도자료(press kit) 일체를 준비한다.

⑤ 예행연습을 실시한다.

⑥ 세세한 사항들을 사전에 점검한다.

⑦ 내용 전체를 녹음-녹화할 수 있도록 하고 아울러 이 과정을 모두 기록으로 남긴다.

⑧ 회견 직전에는 모든 참석자들에게 발표문을 배부하며, 주요 예상 질문에 대해서도 알려주는 것이 바람직하다.

⑨ 제기된 모든 질문들을 기록하고 보완하여 차후에 대비한다.

이러한 언론 접촉을 통해 자신을 알리는 것은 물론이고 후보자를 뉴스거리화하는 것도 대단히 중요하다. 이러한 작업이 바로 정치홍보의 영역이다. 홍보란 지역이나 국가 혹은 국제적인 단위의 언론매체를 이용하여 호의적인 뉴스를 계획하고 작성한 다음 이를 보도케 하는 것을 일컫는다.

선거에서 홍보의 목적이라고 한다면 그것은 곧 호의적인 이미지를 창출하거나 특정 조직 및 집단의 문제에 대한 유권자의 이해를 증진시키고자 하는 것이다.

정치홍보는 이렇게

유권자들에게 알릴 만한 가치가 있다고 생각되는 것들을 제때에 알려주는 것이 바로 적절한 정치홍보의 영역이다. 그러기에 후보자나 후보자의 홍보팀, 즉 언론대책반은 언론매체 책임자나 기자들과 긴밀한 관계를 맺고 있어야 한다. 이를테면 후보자 홍보팀이 마련한 홍보자료가 보도되고 안 되고는 바로 이러한 언론 종사자들의 판단에 의거하기 때문이다.

이를 위한 기본 전제는 다음과 같다.

① 상호신뢰를 바탕으로 한다.

② 뉴스가치가 있는 정보를 제공한다.

③ 제공한 자료가 바로 기사가 될 수 있도록 축약한다.

④ 무리하게 보도를 종용하지 않아야 한다.

⑤ 달갑지 않은 보도가 나왔다고 하여 이를 적대시하는 것은 피해야 한다.

⑥ 일부 언론에만 편향되어서는 안 된다.

⑦ 언론사 상급자를 통한 보도 압력을 넣어서는 안 된다.

⑧ 언론사 관계자를 속이거나 낭패를 보게 해서는 안 된다.

이러한 전제 하에 작성되는 보도 자료는 다음과 같은 요령에 의해 작성하면 된다.

① 유용하거나 흥미로운 것으로 작성할 것

② 홍보자료는 일상적으로 이용되는 용지의 1매 분량 수준으로 준비할 것

③ '뉴스'라든가 '중요' 등의 표현을 쓰지 말고 '홍보자료' 혹은 '보도의뢰자료'라고 기입할 것

④ 제목을 작성할 것

⑤ 자료에 충분한 여백을 둘 것

⑥ 날짜를 눈에 띄게 하여 시의성을 알릴 것

⑦ 제목, 요약문, 본문, 문단 등에 유의할 것

⑧ 초안을 작성해보고 매끄럽게 잘 읽혀지는가를 검토할 것

⑨ 언론관계자가 반감을 가질 수 있는 표현은 피할 것

⑩ 언론매체 속성에 따라 자료를 준비할 것(사진, 그래프, 삽화, 조명 및 기타)

어느 매체든 인터뷰 기회를 확보해야

시·도지사 후보의 경우에는 선거운동에서 텔레비전 인터뷰나 토론이 가장 많은 비중을 차지할 전망이다. 시장·군수·구청장 후보의 경우도 예외는 아니다. 거기에 지방의원 후보의 경우에도 텔레비전 인터뷰 기회를 가질 수가 있다고 한다면 이를 최대한 활용할 수 있는 준비는 갖추고 있어야 한다.

이를 위해서는 기본적으로 짧은 시간의 인터뷰에 효과적으로 대응함으로써 자신의 이미지를 강렬하면서도 효과적으로

창출할 수 있어야 한다. 이에 대한 전제는 다음과 같다.

① 인터뷰 및 질문 항목은 사전에 예상하여 답변을 준비하라
② 인터뷰에 들어가기 전 가벼운 환담을 나눠라
③ 30초 말하기 훈련을 쌓아라
④ 말을 끊어서 하라
⑤ 구어체를 사용하되 친구와 말하듯이 하라
⑥ 예기치 않은 질문에도 대처하라
⑦ 새로운 사실과 시각도 발표하라
⑧ 인터뷰가 만족스럽지 못하면 다시 한번 하자고 제의하라
⑨ 제스처와 표정 관리를 잘하라
⑩ 인터뷰가 끝났어도 몇 초 동안은 여유있는 모습을 보여라
⑪ 방송을 녹화해서 차후 보완하라(말의 속도, 얼굴 표정, 시선 및 제스처)

이러한 텔레비전 인터뷰 못지않게 라디오, 신문 기타 잡지 등의 인터뷰도 결코 소홀히 할 대목이 아니다. 일단 그러한 기회가 주어진다고 한다면 이를 최대한 활용하는 전략이 중요하다. 아울러 그러한 기회를 만드는 노력 역시 필수적이다.

이와 함께 뉴미디어인 인터넷 홈페이지나 PC통신을 활용하는 노력을 보여주는 것도 바람직하다. 인터넷 이용자가 대체로 젊다는 점을 감안한다면 그들에게서 반향을 일으키는 것도 하나의 방법이 된다고 할 것이다.

지난 대선에서 인터넷을 이용한 선거운동이 젊은층에서 특정 후보의 이미지에 유리하게 작용했었다는 점도 되새겨볼 일이다.

10. 개정 선거법에 유의하라

개정 선거법을 눈여겨 봐야

여야 정치권의 협상이 타결되면 공직선거및선거부정방지법과 정당법, 지방자치법 등이 일부 개정될 수가 있다. 과거에 돈 안 드는 선거를 목표로 한 것 중 가장 핵심적인 부분은 지방의원 정수의 대폭적인 감축이었다. 여야간 정치적 필요에 따라 주고받기 식으로 타결된 탓에 정치적 흥정이라는 비판이 일고 있는 대표적인 사안은 공직자 사퇴시한 단축 및 단체장 임기 중 타 선출직 선거 입후보 금지규정 등이었다.

현행 정치관계법이 어느 정도나 바뀔지는 두고 볼 일이지만 현재까지로서는 현행 선거법의 특징은 다음과 같이 크게 다섯 가지로 정리할 수가 있다.

첫째, 종전의 선거운동 방식을 상당히 제한하고 미디어 중심의 선거운동 방식을 확대하고 있다는 점이다.

선거 때마다 거리 곳곳에서 볼 수 있었던 후보자의 기호와 이름이 적힌 현수막을 볼 수 없게 됐다. 명함형 소형 인쇄물과 시도지사선거의 방송광고도 사라진다.

즉 모든 선거에서 명함형 소형 인쇄물은 아예 없애기로 했고 국회의원, 단체장 선거의 경우엔 책자형 인쇄물 1종만 허용키로 했다. 각급 선거에서 현수막을 전면 폐지키로 함과 동시에 시도지사 선거의 경우 방송광고도 일체 할 수 없도록 한 것이다.

모든 선거의 유급선거사무원 수와 정당의 유급사무원 수도 대폭 줄었다. 축의·부의금 기부도 금지되며 일정 금액 상당의 경조품만 허용된다. 국회의원, 지방자치단체장, 후보자 등은 상시적으로 주례를 설 수 없게 되며 협상과정에서 다소 논란은 있었으나 후보자가 되려는 사람에 대해서도 선거일 전 2년부터 주례행위가 금지된다. 축의·부의 금품은 당초 친족 이외에는 일체 금지하려 했으나 막판 타결과정에서 현금이 일정 금액 수준의 경조품은 허용하는 쪽으로 결론이 났다.

대신 후보자 방송연설은 광역단체장선거 5회, 국회의원 및 기초단체장 선거 2회로 늘려 미디어를 통해 알릴 수 있는 기회를 늘렸다. 즉 방송연설과 언론기관 초청대담 등을 늘리는 등 미디어 출연 횟수는 상대적으로 늘려 유권자의 알 권리를 충족시키도록 배려한 것이다.

아울러 청중동원을 통한 세 대결로 낭비요소가 심했던 합동연설회와 옥외 정당연설회는 폐지 대신 모두 1회로 줄이는 데 그쳤다.

둘째, 1998년 선거에서 광역의원은 9백72명에서 6백90명으로 29%, 기초의원은 4천5백41명에서 3천4백30명(조정 가능성)으로 24.5%가 줄어든 바 있다.

지방의원 정수 감축 광역의원의 경우 각 선거구마다 3명씩

뽑던 것을 2명으로 줄이고 시도별 하한선을 17명으로 했다. 이 같은 지역대표성 원칙은 기초의원에도 적용, 읍면동 단위에서 1명씩만 뽑도록 기준을 설정하되 인구 5천 명 이하인 동의 경우 인접 읍면동 선거구와 통합해 선출키로 했다. 이는 고비용 정치를 개혁하라는 국민의 요구를 상당부분 수용한 것이다. 이 같은 선거법 개정으로 한해 1천4백여 억 원의 정치비용을 절감할 수 있을 것이라는 것이 정계의 예측이다.

셋째, 국회의원 등 현직에 있는 사람의 출마 기회는 넓혀주면서 현직을 발판으로 다른 직위를 노리는 것은 제한했다.

여야는 공직사퇴 시한을 선거일 전 60일로 하되 1998년 지방선거에 한해 공포일 후 3일 이내에 사퇴한 공직자의 출마도 가능토록 했다.

이와 형평을 맞춰 피선거권 요건 중 주민등록상 거주일 수를 90일 이상에서 60일 이상으로 단축하고 공직사퇴 시한과 같은 경과규정을 뒀다.

하지만 현역 자치단체장이 임기 중 사퇴 후, 타 선출직 선거에 입후보할 수 있느냐는 문제는 금지 쪽으로 결론을 내려진 상태다. 즉 여권의 요구 사항인 노조의 선거운동 참여 즉각 허용과 야당이 주장했던 자치단체장의 임기 중 타 선출직 입후보금지 규정은 주고받기 식으로 정리한 것이다.

문제는 단체장의 임기 중 타 선출직 출마제한은 위헌소지가 있을 뿐 아니라 기초단체장과 광역-기초의원들의 총선출마를 봉쇄하는 것이어서 일종의 의원이기주의라는 비판을 면하기가 어렵게 되어 있다.

넷째, 한국노총과 민주노총 등 전국단위의 노조연합체는 물론 단위 노조의 선거참여가 합법화되어 노동계가 정치세력화하는 길을 열어줬다.

아울러 사회단체 등은 선거부정을 감시하는 등 공명선거추진활동을 할 수 있게 되었다(2000년 2월 개정). 다만 특별법에 의하여 설립된 국민운동단체로서 국가 또는 지방자치단체의 출연 또는 보조를 받는 단체나 법령에 의하여 정치활동이 금지된 단체, 후보자, 후보자의 배우자와 후보자 또는 그 배우자의 직계 존·비속과 형제자매나 후보자의 직계비속 및 형제자매의 배우자가 설립하거나 운영하고 있는 단체, 특정 정당 또는 후보자를 지원하기 위하여 설립된 단체 등은 공명선거추진활동을 할 수가 없다.

마지막으로, 후보자등록 마감 후에는 지체 없이 선거구를 관할하는 검찰청의 장에게 후보자의 금고 이상 전과기록을 조회하여야 하며, 이 경우 당해 검찰청의 장은 지체 없이 그 전과기록을 회보하여야 한다. 이와 관련하여 누구든지 선거기간 중 관할 선거구 선거관리위원회가 회보 받은 전과기록을 열람할 수 있다.

개정 선거법 내용

1998년 4월 24일에 여야가 합의하여 처리한 25개항의 선거법 내용과 정치개혁특위로 미뤄진 미타결 쟁점의 주요 내용은 다음과 같다.

〈표 7〉 통합선거법 주요 개정 내용

주요 내용	개정
공직사퇴 시한	60일(6.4지방선거부터 적용)
기초의원 정수	현행대로 하되 인구5천명미만의 읍면동은 인근 읍면동과 통합(총3,430명)
광역의원 정수	각 선거구마다 2명으로 축소
단체장 임기 중 출마	임기 중 사퇴, 다른 공직선거 출마 금지
노조선거운동	6.4지방선거부터 허용
입후보자 주민등록 거주 요건	60일 이상
방송광고	대선: 현행 유지 시도지사선거: 폐지
후보자 방송연설 (라디오, TV 각각)	국회의원: 2회 기초단체장: 2회 시도지사: 5회
옥외 정당연설회	1회
공개장소 연설-대담시 배우자 등 연설	사회자의 지원연설-대담과 배우자의 연설 허용
축-부의금, 주례 제한	선관위가 정하는 액수 이하 경조품 제공만 가능 입후보예정자 및 배우자의 주례 상시 금지
명함형 인쇄물 현수막	폐지
후보자 전과	후보자 전과 열람 허용

▲ 광역의원 정수＝소선거구제로 자치구-시-군 또는 국회의원 지역구마다 2명을 선출하고, 광역의원 정수의 하한

선은 비례대표를 포함해 17명으로 하되, 의원 총수를 6
백90명으로 제한함.

▲ 기초의원 정수＝읍면동마다 1명을 선출하고 인구 5천 명
미만의 동은 인접동과 선거구를 통합해 선출하되 의원
총수를 3천4백30명으로 함(조정 가능성).

▲ 공직사퇴 시한＝공직선거의 후보자가 되고자 하는 공무
원 등의 공직사퇴 시한을 선거일 전 90일에서 선거일 전
60일로 조정하되, 이번에 한해 개정안이 공포된 날로부
터 3일 이내 사퇴할 경우 60일 내 사퇴한 것으로 간주하
는 경과규정을 둠.

▲ 단체장 임기 중 출마금지＝지방자치단체장은 임기 중 사퇴
해 대통령 등 다른 공직선거의 선출직 입후보를 금지함.

▲ 주민등록상 거주 요건 완화＝지방선거의 피선거권 요건
중 당해 지역에서 '주민등록상 90일 이상 거주' 조항을
'60일 이상' 거주로 완화함. 그러나 '공무해외파견자'
에 대해서는 선거인명부 작성 기준일(선거기간 개시일
전 5일)까지 주민등록을 할 경우 예외를 인정함.

▲ 기탁금 반환요건 강화＝기탁금 반환요건을 '후보자의 득
표 수가 유효득표 총수를 후보자 수로 나눈 수 이상'이
거나 '유효투표 총수의 1백분의 20 이상'으로 함.

▲ 유급선거사무원 수 축소＝국회의원선거와 기초단체장 선
거의 경우 읍면동 숫자의 3배수 이내로 하고, 시도의원은
10명 이내, 자치구-시-군의원 선거는 5명 이내, 시도지사
선거에서 선거사무소는 구-시-군 숫자 이내로 각각 하고
선거연락소는 구-시-군내의 읍면동 숫자 이내로 함.

▲ 소형 인쇄물 축소＝선거공보는 현행대로 존속시키되 명함형은 폐지함. 국회의원과 단체장 선거는 책자형 1종으로 제한함.

▲ 현수막 폐지＝모든 선거에 현수막 사용을 금지함.

▲ 시도지사 선거 시 신문광고비용 보전＝시도지사 선거의 신문광고비용은 지방자치단체가 보전함(종전에는 대통령 선거의 경우에만 국가가 보전).

▲ 방송광고 축소＝대선의 경우 현행대로 방송광고를 허용하고, 시도지사선거의 경우는 폐지함.

▲ 방송연설 확대＝국회의원, 기초단체장 선거의 경우 라디오와 TV별로 각 2회 이내로 제한하고, 시도지사선거는 라디오와 TV별 각 5회 이내로 한정함.

▲ 정당-후보자 등에 의한 연설회＝시도지사선거에서는 구-시-군마다 3회 이내 허용하던 것을 1회로 축소함.

▲ 공개장소 연설-대담 시 배우자 등 연설 허용＝사회자의 지원연설, 대담과 배우자의 연설을 허용함.

▲ 국회의원 선거에서 언론기관 초청 대담 허용＝국회의원 선거에서도 선거일 전 60일부터 언론기관 초청 대담 및 보도를 허용함.

▲ 선거기간 전 보고 제한＝선거기간 개시일 30일 전부터 시-도정 또는 구-시-군정 활동보고를 금지함.

▲ 선거 전 자치단체 홍보물 제한＝자치단체의 홍보물 발행을 분기별로 1종 1회로 제한하고, 당해 지방자치단체장의 선거일 1백80일 전부터는 발행을 중지함.

▲ 선거 전 자치단체장의 행사참석 제한＝자치단체장은 선

거일 1백80일 전부터 근무시간에 공공기관이 주최하는 행사 외의 행사에는 참석할 수 없도록 함.

▲ 노동조합 선거운동 허용＝노조의 선거운동을 허용함.

▲ 광고출연 제한＝선거일 전 90일부터 선거일까지 후보자가 방송, 신문, 잡지 광고에 출연하는 행위를 금지함.

▲ 선거사무원 수당 보전＝대통령선거, 시도지사선거에서 선거사무원 수당의 경우는 국가, 지방자치단체가 보전하도록 함(종전은 대통령선거에서만 보전).

▲ 투표용지 가인제도 폐지＝투표용지 가인제도를 정당대리인 입회제로 전환함.

▲ 선거인명부 작성 입회인제도 폐지＝선거인명부 작성 입회인제도를 폐지함.

▲ 축의-부의 금품 상시 제한＝국회의원, 지방자치단체장, 후보장 등의 주례 행위를 금지하고, 친족 외의 사람에 대한 축의-부의 금품 제공을 상시적으로 제한하되 중앙선관위 규칙에 정하는 범위(1만5천 원) 내에서의 경조품 제공은 허용함.

▲ 선관위의 광고중지 요청권＝선관위가 선거법 위반 광고물에 대해 광고중지를 요청할 수 있도록 함.

◇ 미타결 쟁점

▲ 연합공천＝국민회의와 자민련은 연합공천제 도입을 주장하다가 현행 유지로 한발 후퇴했으나 한나라당은 연합공

천 금지를 명문화하자는 입장.

▲ 광역시 이상 기초단체장(구청장) 임명제＝여권은 절대 불가인 반면 야당은 임명제를 도입해야 한다는 입장.

▲ 기초단체장 공천제＝여권은 현행대로 공천제를 유지하자 는 반면 한나라당은 기초단체장에 한해 공천을 배제해야 한다는 입장.

〈표 8〉시도의원 조정 내역(△ 증가, ▼ 감소)

광역의원 정수						구분	기초의원 정수			
자치구 시군수	현행	조정			증감		읍면 동수	현행	조정	증감
		지역	비례	계						
25	147	94	10	104	▼43	서울	530	806	519	▼287
16	61	44	5	49	▼12	부산	239	320	224	▼96
8	41	26	3	29	▼12	대구	160	203	138	▼65
10	36	26	3	29	▼7	인천	148	206	132	▼74
5	26	14	3	17	▼9	광주	103	125	74	▼51
5	26	14	3	17	▼9	대전	85	107	74	▼33
5		14	3	17	△17	울산	62		58	△58
31	136	88	9	97	▼39	경기	486	599	464	▼135
18	58	42	5	47	▼11	강원	227	245	185	▼67
11	40	24	3	27	▼13	충북	159	180	146	▼34
15	61	32	4	36	▼25	충남	211	223	210	▼13
14	58	34	4	38	▼20	전북	267	283	239	▼44
24	75	50	5	55	▼22	전남	310	343	287	▼56
23	93	54	6	60	▼33	경북	365	399	337	▼62
20	94	46	5	51	▼43	경남	321	451	302	▼149
4	20	14	3	17	▼3	제주	43	51	41	▼10
234	972	616	74	690	▼282	계	3,716	4,541	3,430	▼1,111

선거법, 유권자 정서를 고려해야

이외에도 후보자의 난립에 따른 혼탁상을 막기 위해 기탁금 반환 요건을 유효투표 수의 20% 이상 또는 유효투표 수를 후보자 수로 나눈 평균 이상으로 강화했다.

그러나 여야는 기초단체장 임명제, 기초단체장 정당공천 등 민감한 사안들에 대해서는 여전히 손을 대지 못하고 국회 정치개혁특위에 짐을 넘긴 상태다.

한때 한나라당은 서울시와 6개 광역시 기초단체장에 대해 한시적으로 임명제를 도입하자고 주장했지만 과거의 국민회의와 자민련이 절대 불가를 고수한 바 있다.

아울러 20세인 선거 연령 인하 문제, 당원단합대회, 당직자 회의, 당원교육 등에 대한 제한 규정은 현행대로 두고 있지만 선거 연령 인하는 지속적으로 제기되는 문제로 되어 있다.

정치관계법을 개정한다고 하여 여야가 폐지하기로 합의했던 ▲정당연설회 ▲축의금품 제공 등을 부활하는 등 구태를 재연하였다는 점에서 의원 개인과 정당의 이해관계에 따라 고비용 정치구조라는 당초 취지와는 동떨어지게 선거법 협상이 뒷걸음질친 것은 유의해야 할 일이다.

이 때문에 일부 시민단체에서는 선거법개정 과정에서는 당사자인 국회의원보다는 제3의 객관적인 중립기관에서 법안을 성안해야 한다는 제안까지 제기하는 형편이다.

선거관리는 어떻게 되가나

1998년 6.4지방선거를 얼마 남기지 않고 선거법이 국회를 통과하는 바람에 선관위에 비상이 걸렸었다. 그때서야 선거법 안내 설명회를 열고, 합동연설회 장소나 투표소 등을 마련해야 했기 때문이다.

그러기에 "선거 홍보물은 몇 가지나 허용되고, 어떤 것이 가능한가?" "광역시 의원으로 출마하려는데, 선거구가 어떻게 나눠지는가?" "선거 인쇄물 양이 어느 정도까지 허용되는가?" 등 후보 예정자나 관련 인사들로부터 문의가 폭주했던 곳이 바로 선관위였다.

선관위는 합동연설회장 준비하랴, 선거비용 및 투표용지 작성 계획을 다시 세우랴, 선거 홍보물 인쇄나 연설회에 필요한 앰프와 연단, 천막 등 각종 장비 준비하랴, 거기에 선거사무에 관한 전산화작업까지 지연되는 등 분주하기 짝이 없었다.

출마 예상자들도 마찬가지다. 대부분의 경우 선거구를 확정한 상태였지만 일부에서는 어디에서 입후보해야 하는지에 대해서 제대로 파악치 못하는 경우까지 생겼을 정도이니까 말이다.

선거법이 아무리 정치법이라고는 하지만 1994년 통합선거법이 제정된 이후 이번까지 벌써 10번 이상이나 개정됐다고 한다면 우리의 법률 기반이 얼마나 취약한가를 알 수 있을 것이다. 그것도 당리당략에 따라 변하는 풍토를 가졌기 때문에 우리가 언제쯤이나 일관된 선거법을 가지게 될 것인지는 두고 볼 일이다.

중앙선관위는 1998년 6월 4일 실시되는 지방선거에서 유권자들의 투표관행에 따른 혼란을 막기 위해 정당별로 다수의석 순에 따라 전국적으로 통일된 기호가 배정된다고 밝혔었다.

이 경우 문제는 3개 정당 중 어느 한 정당이라도 후보를 내지 않은 선거구에서는 기호가 중간에 건너뛰는 경우가 생겼던 점이다.

지방선거에서 후보자가 준비해야 할 기본 서류는 후보자등록 신청서, 후보추천서, 호적초본, 재산등록공개서류, 주민등록초본, 사직원 접수증 등 10여 가지.

이 서류들은 후보자등록 신청기간에 관할 선거관리위원회에 제출해야 한다.

등록신청 기간이 2일인 것을 감안하면 미리부터 등록서류를 빠짐없이 준비하는 것이 무엇보다 중요하다. 자칫 잘못하면 서류미비로 인한 등록무효 곧 낙선이라는 낭패를 볼 우려가 있다.

이 중 무엇보다 중요한 서류는 유권자 추천서다. 유권자 추천서는 시군의원선거 입후보 또는 다른 선거의 무소속 입후보에 해당하는 것으로 선거운동 기간에 상관없이 추천서를 받을 수 있었다.

그러나 개정선거법에는 후보자등록신청 이전 5일부터 추천서를 받을 수 있도록 기간을 명시하고 있어 5일 이내에 추천서 작성을 완료해야 한다. 추천서를 미리 받거나 등록기간 중에 추천서를 받는 행위는 사전선거운동으로 간주되기 때문이다.

정당 후보자 공천, 더욱 신중해야

과거 선거에서도 여야가 기초단체장 후보선정에 애를 먹었다. 당선이 유력한 지역일수록 공천 경쟁이 치열했던 것이다. 일차적으로 현지 지구당의 의사가 크게 반영되었기 때문에 후보 결정은 경쟁자끼리의 사전 조정, 대의원 경선을 통한 후보 선출 등이 일반적이었으며, 선정위원회 경선을 거치거나 중앙당에 복수 후보를 올리는 경우도 있었다.

경쟁이 치열할수록 다수가 동의할 수 있는 경선이 선호되었는데 이 과정에서 드러나는 부작용도 만만치 않아 민주주의 실현이 얼마나 어려운지를 극명하게 보여주고 있다.

중앙당이 일방적으로 낙점하거나 선정위원회가 결정하는 것에 비해 경선이 민주적인 절차에 가장 접근해 있다는 것은 부정할 수가 없지만 당의 연륜과 기반들이 취약하고 당원들의 당에 대한 정체성이 부족한 현실에서 대의원대회나 당원대회가 모든 것을 결정하기에는 시기상조라는 견해도 만만치가 않다.

사실 경선 등을 거치다 보면 참신하고 능력 있는 인사보다는 텃밭에서 대의원들과 오래 접촉해 온 인사들이 표를 많이 얻는 결과가 종종 나타나게 되어 있다.

그런가 하면 일부 지역에서는 중앙당에서 낙점 받았다는 낙하산 후보가 갑자기 나타나 물을 흐리기도 한다. 당의 공천이면 당선이 확실한 지역일수록 이런 부작용은 심하다. 소위 제3후보론 등으로 갑자기 뛰어드는 경우가 바로 그러한 경우이다.

함량 미달의 인사들이 공천을 받아 출마하는 경우 각 당의 입장에서는 본선에서의 경쟁력이 걱정되기 때문에 영향력 행사가 불가피하겠지만 유권자의 입장에서 본다면 선택권을 기본적으로 제약 당하는 결과를 가져온다는 점에 유의해야 한다.

아직까지도 정당정치가 뿌리를 내리지 못한 우리의 정치 환경에서 당의 대의원 구조가 비민주적으로 짜인 한계 때문에 절차적 민주주의는 그 빛을 제대로 발휘하지 못하고 있다. 그러기에 이런 구조적 문제를 조금씩이나마 해결해가기 위해서는 예비선거 제도나 변용된 코커스 형태의 운용 등을 고려해봐야 한다.

어떠한 형식으로 선정하든 후보자는 우선적으로 당원, 대의원, 그리고 지역 유권자 정서에 부합되는 인물, 지역 주민의 삶의 질을 높여갈 수 있는 인물, 그리고 민주주의 원칙과 과정을 중시하는 인물이어야 한다는 것은 두말할 나위가 없을 것이다.

새로운 정치광고와 토론회에 눈길을

축구공을 차며 '월드컵 코리아'를 외치는 사람, 휘파람을 불며 자전거를 타는 남자, 강 위에 놓인 수십 개의 다리를 수없이 반복하며 달리는 남자와 여자, 얼굴은 눈에 띄게, 공약은 짧고 명료하게, 디자인은 비주얼 세대에 맞게 감성적으로…

이 모두가 겉으로 보기에는 상업광고 같지만 모두가 '지방선거'에 도전한 후보들의 정치광고 모습이었다. 이제는 우리 동네 큰 일꾼 식의 관념적이고 거창한 구호 대신에 첨단 기법의 톡톡 튀는 아이디어 홍보물이 아니면 유권자들을 공략하기가 어려워지고 있다.

이제는 선거비용 절약이 최대의 관건이다. 선거법 역시 비용절감에 초점을 둔 만큼 효과적인 고품질 광고는 더욱 요긴해지고 있다. 자치단체장 및 지방의원 자리 4,500여 개를 놓고 수만 명이 경쟁하는 이번 선거는 후보자들의 홍보물이라고 해야 한 통의 우편물로 배달되기 때문에 눈에 띄지 않으면 쓰레기통으로 들어갈 확률이 더욱 높아지고 있기에 어떻게 하면 유권자의 눈에 띄게 할 것이냐가 관건인 셈이다.

최근 들어 신세대 유권자층을 겨냥한 홈페이지를 통해 장기적으로 네티즌을 포섭하는 전략에 대해서는 이미 수차례 강조한 바 있다. 특히 지방정가에서는 여당·야당의 구분이 애매해지고 있기에 홍보물도 유권자들의 흥미를 끄는 쪽으로 바뀌지 않으면 안 되는 형편이며, 공약도 이미지를 부각시키는 방향으로 개발되어야 하게 되어 있다.

이제는 후보들의 사이버 정치광고가 급증할 전망이다. 특히 이번 선거에선 개인명함이 금지되고 소형 홍보책자의 사용이 제한되는 등 후보들의 홍보매체가 대폭 줄어들면서 인터넷과 컴퓨터통신의 쓰임새가 더욱 커진 것이다.

최근 잇따라 문을 연 일부 정치광고대행사들은 인터넷 홈페이지 개설을 주요 서비스로 내세우고 있다. 유권자 가운데 실제 인터넷 사용자는 소수이지만, 후보의 첨단 이미지를 높이는 데 큰 몫을 할 것으로 판단되고 있다.

아울러 일부 인터넷 서비스업체들도 후보를 대상으로 한 사이버 정치광고 대행사업을 적극 준비하고 있는 것으로 알려지

고 있다. 이제는 인터넷·PC통신을 활용한 사이버 정치광고가
활성화되면서 게시판·전자우편과 전자투표 등을 통해 유권자
의 여론동향을 즉각 파악할 수 있는 기동력을 갖춰가고 있다.

그런가 하면 인터넷망을 통해 후보자들이 토론을 벌이는
'웹토론회'도 열릴 예정이다. 이러한 식의 토론회는 인터넷
접속망이 갖춰진 각 후보자들이 선거사무실에 앉아 토론을 벌
일 수 있는 데다 일반 네티즌들도 게시판에 올려진 후보자의
약력이나 정책, 토론내용 등을 보고 질문하는 방법으로 참여
할 수 있어 선거문화의 새로운 지평을 전개해갈 것으로 보여
지고 있다.

인터넷 토론회는 △광역단체장 △기초단체장 △광역의원 △
기초의원 등을 대상으로 선거일 직전까지 진행될 것으로 보여
선거법상의 일상적인 방송토론회와는 다른 양상을 보일 전망
이다.

다시 한번 조직과 자금 점검

선거운동은 하나의 작은 사업체를 운영하는 것이라고 생각
하면 크게 틀리지 않을 것이다. 우수 기업의 경영 원칙은 그대
로 정치에도 적용되는 법이다. 선거운동의 초기 단계에서는
운동 조직의 팀웍을 단단히 굳혀야 한다.

선거운동 조직이 선거사무장을 위시한 스태프진과 각종 위
원회로 구분되어 있는가를 점검해봐야 한다. 스태프진으로는
사무실 관리 책임자, 회계 책임자, 컴퓨터 데이터베이스 책임

자, 홍보담당자, 일정 담당자, 유권자 접촉 담당자, 자원봉사자 관리 책임자, 기금 모금 담당자 등이 필수적이다.

전통적으로 선거운동에서는 입후보자가 지도자 구실을 해왔으나 실제적으로 입후보자야말로 문제가 생겼을 경우 객관성을 띠기 가장 어려운 입장에 있다. 그러므로 항상 일을 함께 하는 선거참모진은 아니지만 선거운동을 후원하고 자문을 해주는 각종 위원회를 구성하는 것이 바람직하다. 위원회와 스태프의 역할 분담을 명확히만 해놓는다면 각종 위원회는 쓸데없는 에너지 낭비 없이 많은 일을 할 수가 있다.

위원회는 각계의 인사들 중 좋은 의견을 내줄 만한 측근들로 구성되어 있는가를 확인해본다. 위원회 위원들도 선거 지역 주민층을 고루 대변하도록 선별하고 무조건적인 지지자와 때로는 악역도 맡아줄 만한 사람들을 고루 섞어서 구성한다. 유용한 위원회로는 운영위원회와 재정위원회 그리고 홍보 및 정세 분석위원회를 두는 것이 좋다.

아울러 선거에 입후보하는 인사들이나 선거운동을 관리하는 입장에서 가장 큰 문제는 역시 자금이다. 돈 안 드는 선거를 정착시켰다고는 하지만 선거운동 기간 동안에는 거의 모든 후보들이 자금에 쪼들리게 되는지라 원하는 때에 자금이 조달되지 않으면 초조해지기 마련이다.

돈 안 드는 선거를 실시한다 해도 우리의 정치 풍토에서는 여전히 자금 동원력이 우세한 후보가 유리한 것은 말할 것도 없다.

이와 관련하여 선거자금은 어느 정도가 좋은가를 분명히 계산하고, 기금조성에 나서야 한다. 선거자금을 확보하는 방법으로는 후보자 자신의 재산, 후보자 가족-친척-친지들의 자금 활용, 후원자의 후원금, 은행이나 사채를 통한 자금, 정당의 지원금 등을 들 수 있다. 각자의 상황에서 어떠한 것이 바람직한지는 후보자 자신이 제일 잘 알 것이다.

후보자가 자금을 모으는 목적은 표를 사는 것이 아니라 유권자에게 후보 자신을 알리기 위한 것이다. 후보자는 무턱대고 아무에게나 돈을 받아서는 안 된다. 아울러 후원금을 부탁할 때는 자신감을 보여줘야 하며, 후원해준 개인에게 감사의 표시를 성의껏 보이는 것이 중요하다. 아무리 적은 액수의 후원이라도 소중하게 받아들이는 자세가 중요하다.

선거 조언, 그리고 선거 이후 대비

마지막으로 선거를 치러가는 동안 누구에게 해당되는 조언을 한다면 다음과 같다.

① 선거란 기복이 심하게 오르내리는 시소와 같은 것임을 배워야 한다.
② 선거에 나서면 계속 전진하는 모습을 보여야 한다.
③ 선거운동이 재미없어지면 중단해야 한다.
④ 우연한 일의 발생은 정치라는 승부의 일부가 된다는 것을 명심해야 한다.
⑤ 시간이 항상 가장 중요한 재산임을 명심해야 한다.
⑥ 정말로 어려울 후보자를 자신있게 해주고 힘을 주는 사람을 찾아가라.

⑦ 웃어라, 편안하게 생각하라, 그리고 침착하라.

⑧ 최선을 다하고 선거 당일에는 마음을 편안히 가져라.

⑨ 선거운동은 후보자를 위한 것임을 명심하고 후보자가 책임지는 태도를 가져라.

⑩ 참모진도 인간임을 명심해라.

⑪ 진실만을 이야기하라.

⑫ 사람들에게 믿음과 신뢰를 주면서 각 개인들을 소중히 여겨라.

⑬ 입장을 바꿔야 되는 경우에는 신속하게, 그리고 공개적으로 하라.

⑭ 자신의 자산과 능력에 대해 가장 솔직해야 한다.

⑮ 사소한 일이라도 요구가 아니라 동의로 이끌어라.

선거 마지막까지 최선을 다했다 하더라도 할 일은 남아 있다. 승리하면 승리한 대로, 실패해도 실패한 대로 할 일은 있기 마련이다.

먼저 당선의 경우를 보자. 대부분의 승자들의 경험에 비추어 보면 당선이 확정된 후에는 지금까지의 고생을 뒤로 하고 앞으로는 편안해질 것이라는 안도감에 빠져 버린다. 그러나 선거 후유증이나 긴장으로 말미암아 신체의 이상 또는 건강상태의 악화 등에 대비하여 휴식을 취하는 것이 필수적이다.

아무튼 휴식을 취하면서 할 일은 다음과 같다. 선거사무소 해체, 감사의 뜻 전달, 선거운동에 대한 평가, 자료 비품 등 총정리, 당선된 직책의 일과 업무를 미리 준비, 차기 선거에 대한 구상 등이 필수적이다.

그런가 하면 낙선의 경우에는 어찌할 것인가. 대부분의 경우 자신이 당선된다는 인식을 가지고 있기에 패배하는 것만큼 두렵고 쓰라린 것은 없다. 그러나 모든 후보자들에게 똑같은 승리는 처음부터 보장되어 있지 않다.

낙선하면 일시적인 후회와 고통 그리고 심지어는 불명예스럽게 느낄지도 모르는 일이지만 이를 오히려 교훈 삼아 차기 선거 때에는 더욱 열심히 하는 자세 전환이 필요하다. 즉 낙선은 한 선거의 종료만을 의미할 따름이다.

낙선 때도 마찬가지로 선거 사무소 해체, 휴식, 승리 후보에게 축하 인사, 선거에 들어간 비용 검토, 서류 정리, 인쇄물-주소록-현수막 등의 차기 선거 준비를 위한 보관, 선거 조직원들과 선거운동원들의 노고에 대한 치하, 선거 참모와 주요 조직원들을 소집하여 잘못되었던 전략에 대한 점검과 향후 계획 점검, 책임을 묻거나 질책하는 태도 지양, 가족과 친지 또는 친구들에게 감사의 표시, 지지자들과 후원자들에게 감사의 표시 등에 신경을 써야 한다.

마지막으로, 선거에 임하는 모든 후보자와 관계자들에게 좋은 결과가 있기를 기대한다.

● 저자 ●

신 기 현   전북대학교 정치외교학과 졸업, 전북대학교 정치학박사,
미국 SSRC 객원연구원, 미국 캘리포니아대학교(버클리) 객원연구원,
독일 베를린자유대학교 객원연구, 미국 국무성 동아시아지역연구 객원연구원

현재: 전북대학교 지방자치연구소-정치외교학과 교수
전북일보 논설위원(객원)
월간 『지방자치』 인터넷 지방자치 등 연재
호남국제정치학회장

저서: 국제정치학의 새로운 영역과 쟁점[공저](나남, 1995)
한국정치의 쟁점과 방향(전북대 지방자치연구소, 1998)
현대비교정치의 영역과 경향[공저](공익사, 2000)
새로운 정치학의 이해[공저](삼우사, 2000)
한국역사인물뒤집어읽기[공저](인물과사상사, 2001)
지역균형발전 지원 방안[공저](공익사, 2001)

지방자치 전략총서 3

지방선거전략 — 자치단체장·지방의원 선거 특강

● 발행일	2001년 12월 30일
● 2 쇄	2003년 6월 30일
● 지은이	신기현
● 펴낸이	채종준
● 펴낸곳	한국학술정보(주)
	경기도 파주시 교하읍 문발리 파주출판문화정보산업단지538-2
	전화 031) 908-3181(대표)·팩스 031) 908-3189
	홈페이지 http://www.kstudy.com
	e-mail (e-Book 사업부) ebook@kstudy.com
● 등 록	제일산-115호(2000. 6. 19)
● 가 격	18,000원

ISBN   89-534-0697-8 94340 (Paper Book)
       89-534-0698-6 98340 (e-Book)